KB048752

여성 독립운동가 말꽃 모음

여성 독립운동가 말꽃 모음

정명섭 엮고 씀

1910년 8월 29일, 순종은 대한제국의 국권이 일본에 넘어갔음을 알리는 조칙을 발표한다. 사실 관련 협상은 22일 날 이미 끝났고, 발표할 시기만 남겨 놓고 있었다. 오늘날 우리들의 생각과는 달리 당일은 무척 조용했다고 한다. 국권을 상실한다는 게 어떤 의미인지 정확하게 알지 못했고, 그 의미를 알고 저항했던 사람들은 대부분 죽거나 혹은 간도나 만주로 망명했기 때문이다. 하지만 국권을 상실한다는 것이 어떤 의미인지 알아차리는 데는 오랜 시간이 필요하지는 않았다. 아직도 일부에서는 식민지 근대화론을 주장하면서 일본의 식민 지배가 우리에게 도움이 되었다는 망발을 하고 있지만 식민지가 내포하는 의미를 안다면 그런 얘기는 쉽사리 꺼내지 못할 것이다. 식민지를 뜻하는 영어 콜로니 Colony는 라틴어 콜로니아에서 유래되었다. 원래의 의미는 특정 집단이 이주한 새로운 땅을 의미한다. 원래 그곳에 살고 있던 원주민들은 쫓겨나거나 혹은 노예가 될 수밖에 없었다. 한문으로 하면 심을 식植 자에 백성 민民, 그리고 땅 지地가 된다.

백성을 땅에 심는다는 뜻으로 콜로니보다 더 직접적으로 와 닿는다. 한마디로 일본은 자국의 백성들을 우리나라 땅에 심은 것이다. 그곳에서 원래 자라고 있던 우리들은 뽑히거나 혹은 눌려 지내야만 했다. 1912년, 조선인만을 대상으로 하는 태형령을 새로 제정해서 집행하거나 회사령을 통해 조선인들이 회사를 세우는 것을 방해하고, 심지어 이미 설립된 회사도 총독부의 임의대로 문을 닫게 만들었다. 같은 시기, 일본에서는 신고만으로 얼마든지 회사를 만들 수 있던 것과 비교된다. 이 두 개의 법령을 통해 일본이 조선을 어떤 식으로 지배하고, 어떤 식으로 수탈하려고 했는지를 명백하게 알 수 있다. 거기에 1918년부터 조선에 밀어닥친 '스페인 독감'의 방역 과정을 직접 겪은 조선인들은 자신들이 식민지의 피지배자라는 사실을 뼈저리게 느꼈다. 다음해 봄까지 이어진 스페인 독감의 전파 과정에서 조선인들에 대해서 무신경하게 대한 총독부의 모습이 너무나 선명하게 보였기 때문이다. 그런 불만들이 모이고 쌓였다가 3.1만세운동으로 이어진다. 백만 명이 넘는 사람들이 일본 경찰과 군인들의 총칼 앞에서 억눌린 분노를 폭발시키며 만세를 불렀다. 무참한 살육으로 조선인들을 짓누른 일본은 태형령을 철폐하고 언론의 자유를 일부 보장해 주는 등 유화정책을 펼친다. 하지만 그 이후에도 저항은 계속되었고, 결국 1945년, 빼앗긴 국권을 되찾게 된다.

오늘날 우리는 다양한 방식으로 독립운동가들을 추모하고 기린다. 하지만 우리의 기억 속에 자리 잡은 독립운동가들은 극소수에 불과하며, 대다수는 남성이다. 가부장적이고 남성 중심적인 사회 분위기 때문이다. 하지만 저항에는 남녀노소가 없었다. 수많은 여성들이 만세를 부르고 일본에 저항했다. 그리고 그런 저항과 희생들이 모여서 계란으로 바위 치기라는 광복을 쟁취하는 데 성공했다. 이제 우리가 할 일은 그 저항들을 기억해서 과거가 반복되는 것을 막아야 한다는 점이다. 여성이라서 기억해야 하는 것이 아니라 기억하지 않으면 나쁜 일은 반복되는 법이기 때문이다. 말과 글 속에 담겨 있는 그녀들의 저항을 되새겨 보면서 100여 년 전 우리에게 벌어졌던 비극과 거기에서 벗어나기 위해서 어떤 희생이 있었는지를 알게 되었다. 그것은 꽃 같은 말이었고, 그 꽃말은 저항과 희생일 것이다.

— 정명섭

1

윤희순

아무리 왜놈들이 강성한들

우리들도 뭉쳐지면, 왜놈 잡기 쉬울세라.

아무리 여자인들, 나라 사랑 모를쏘냐.

아무리 남녀가 유별한들, 나라 없이 소용 있나.

우리도 의병 하러 나가 보세.

의병대를 도와주세.

금수에게 붙잡히면 왜놈 시정 받을쏘냐.

우리도 의병 도와주세.

우리나라 성공하면 우리나라 만세로다.

우리 안사람 만만세로다.

위의 글은 윤희순이 지은 〈안사람 의병가〉 8편 중 한 곡의
가사다. 1860년 경기도 구리에서 태어난 그녀는 그 시대의 다
른 여성들처럼 십대 중반에 춘천 인근에 있는 고흥 유씨 집안
의 유제원에게 시집을 간다. 그녀의 시아버지는 범상치 않은
인물이었는데 바로 화서학파의 대가 이항로의 제자인 유홍석

이었다. 평범했다면 평범했을 그녀의 운명이 바뀐 것은 1895년 을미사변과 뒤이어 내려진 단발령이었다. 국모가 시해되고, 상투를 잘라야 한다는 사실에 격분한 유홍석은 제자들과 함께 의병을 일으키기로 한다. 역사책에 을사의병이라고 불리는 의병들은 전국 각지에서 들불처럼 일어났고, 춘천이 있는 영서지역도 마찬가지였다. 윤희순은 의병들을 이끌고 나간 시아버지 유홍석을 대신해 집안을 지켰다. 하지만 그녀는 얌전히 집안을 지키는 대신 팔을 걷어붙이고 나섰다. 나라가 위기에 처했는데 여자라고 가만있을 수 없다는 것이 윤희순의 생각이었다. 그녀는 마을의 아낙네들을 모아서 힘을 합쳐서 의병들을 도와야 한다고 목소리를 높였다. 그리고 실제로 동네에 찾아온 의병들을 먹이고 재우는 일에 앞장서는 한편, 안사람 의병가를 지어서 여성들에게 의병활동에 동참하도록 촉구했다. 한 발 더 나아가, 1907년 정미의병이 일어났을 때에는 군자금을 모으고, 화약과 탄환을 만드는 무기 공장을 세우기도 했다. 조선이 일본의 식민지가 된 이후에는 중국으로 망명해서 투쟁을 이어 갔다. 누군가는 말한다. 왜 승산이 없는 싸움에 목숨을 거느냐고 말이다. 윤희순은 자신이 쓴 의병가의 한 구절로 거기에 답했다.

나라 없이 살 수 없네. 나라 살려 살아 보세.

2

───────

강경애

인간 사회에는 늘 새로운 문제가 생기며 인간은 이 문제를 해결하기 위하여 투쟁함으로써 발전될 것입니다. 대개 인간 문제라면 근본적 문제와 지엽적 문제로 나눠 볼 수가 있을 것이니, 나는 이 작품에서 이 시대에 있어서의 인간의 근본 문제를 포착하여 이 문제를 해결할 요소와 힘을 구비한 인간이 누구며, 또 그 인간으로서의 갈 바를 지적하려고 노력하였습니다.

인간은 복잡한 내면을 가진 존재라고 할 수 있다. 그래서 쉽게 굴복하거나 혹은 끝까지 투쟁한다. 강경애는 후자에 속한다. 1906년 황해도 장연에서 가난한 집의 딸로 태어난 그녀의 삶은 시작부터 끝까지 고난의 연속이었다. 다행히 머리가 좋았던 그녀는 일찌감치 한글을 깨우치는 재능을 보이면서 평양의 숭의여학교에 입학한다. 하지만 학교 측이 조상을 모시는 제사를 우상숭배로 몰아가자 동급생들과 함께 동맹휴학을 벌인 끝에 퇴학당하고 만다. 학업을 끝내지 못한 강경애는 어머니가 사는 장연으로 낙향한다. 고향으로 내려온 그녀는 야

11

학을 운영하고 여성단체인 근우회에서 활동을 한다. 그러다가 남편 장하일을 만나 간도 용정으로 이주하면서 본격적인 작가의 길을 걷는다. 조선일보에 〈파금〉이라는 단편소설을 싣는 것을 시작으로 여러 작품들을 발표한다. 1934년에는 동아일보에 〈인간 문제〉라는 작품을 연재한다. 황해도의 가난한 집안에서 태어난 여성인 선비가 양반의 괴롭힘을 피해 도시로 가서 공장 노동자로 일하면서 노동운동에 나선다는 내용이었다. 1930년대 가난한 여성들의 삶과 꿈을 대변한 이 작품은 강경애의 붓이 무엇을 얘기하는지 명백하게 보여 주고 있다. 이후에도 간도에서 벌어지는 무장 독립투쟁의 활약상이나 그 가족들의 시선이 담긴 작품들을 발표하면서 인간의 문제가 사실상 항일과 독립의 문제임을 암시했다. 맹렬하게 활동하던 그녀는 건강에 발목이 잡히고 만다. 서울을 틈틈이 오가면서 치료를 받았지만 병세는 안에서부터 그녀를 갉아먹었다. 결국 1944년 6월, 그녀는 고향인 장연에서 세상을 떠난다. 강경애가 세상을 떠난 후 그녀의 작품들은 남편인 장하일이 모아서 책으로 만들어 낸다. 하지만 그 활동 무대가 북한이었던 탓에 우리가 그녀를 접하게 된 것은 한참 뒤인 1990년대였다. 아직까지 우리들은 그녀가 말한 문제들에게 발목이 잡혀 있다. 〈인간 문제〉의 주인공 '선비'가 노동운동을 하면서 겪은 고난과 역경들은 지금 현재 우리들이 고스란히 겪고 있는 문제이기 때문이다.

3

강주룡

우리는 49명 우리 파업단의 임금감하를 크게 여기지는 않습니다. 이것이 결국은 평양의 2천 3백 명 고무공장 직공의 임금감하의 원인이 될 것이므로 우리는 죽기로써 반대하려는 것입니다. 2천 3백 명 우리 동무의 살이 깎이지 않기 위하여 내 한 몸뚱이가 죽는 것은 아깝지 않습니다. 내가 배워서 아는 것 중에 대중을 위해서는 (…) 명예스러운 일이라는 것이 가장 큰 지식입니다. 이래서 나는 죽음을 각오하고 이 지붕 위에 올라왔습니다. 나는 평원고무사장이 이 앞에 와서 임금감하 선언을 취소하기까지는 결코 내려가지 않겠습니다. 끝까지 임금감하를 취소치 않으면 나는 (…) 근로대중을 대표하여 죽음을 명예로 알 뿐입니다. 그러하고 여러분, 구태여 나를 여기서(지붕) 강제로 끌어낼 생각은 마십시오. 누구든지 이 지붕 위에 사다리를 대놓기만 하면 나는 곧 떨어져 죽을 뿐입니다.

1931년 5월 29일 아침, 을밀대에 산책을 나온 평양 주민들은 깜짝 놀라고 말았다. 치마저고리 차림의 여성이 지붕에 올

13

라가 있었기 때문이다. 허리는 하얀 광목천을 띠처럼 둘렀다. 사람들이 수군대는 소리에 잠에서 깬 그녀는 부스스 일어나서 모여든 사람들에게 한바탕 연설을 했다. 그것은 인간답게 대우해 달라는 절규였으며, 사람답게 살고 싶다는 외침이었다. 우리나라 최초의 고공시위를 벌인 그녀의 이름은 강주룡, 평양에 있는 고무공장의 직원이었으며, 그때 나이는 31살이었다. 평안북도 강계에서 태어난 그녀는 가족들과 함께 간도로 이주했다. 그곳에서 남편을 만나 결혼하면서 가난하지만 평범한 삶을 살아갈 뻔했다. 하지만 어린 남편 최전빈이 독립군 활동을 하다가 병이 들어 죽게 되면서 고난이 시작된다. 시댁에서 그녀가 남편을 죽였다고 의심해서 중국 경찰에 고발한 것이다. 며칠 동안 억울한 감옥살이를 한 강주룡은 조선으로 돌아와서 가족들과 함께 평양으로 거처를 옮긴다. 그리고 그곳에서 생계를 유지하기 위해 고무공장에 취직한다. 당시 조선 사람들이 고무신을 신는 것이 유행이 되면서 공장들이 생긴 것이다. 문제는 공장주들이 저렴한 임금으로 노동자들을 착취했다는 것이다. 1931년 5월에는 한술 더 떠서 경기 침체를 이유로 임금 삭감을 통보한다. 격분한 노동자들은 파업을 감행했고, 강주룡은 그들의 리더 역할을 한다. 계속된 파업에도 공장주가 버티자 노동자들은 단식투쟁에 돌입한다. 하지만 비정한 공장주는 눈 하나 깜짝하지 않고 오히려 노동자들을 해고하는 한편, 경찰들을 호출해서 공장에서 내쫓고 만다. 길거리로 밀려난 강주룡은 광목 한 필을 사서 을밀대로 향한다. 그곳에서 목을 매 자살할 생각이었지만 을밀대 지붕을 보면서 생각이 바뀌었다.

"옳거니! 저기로 올라가서 사람들에게 시원하게 하소연이나 하자."

광목을 밧줄처럼 써서 지붕에 올라간 그녀에게는 '체공녀'라는 별명이 붙었다. 비슷한 시기, 곤궁한 처지였던 일본의 노동운동가 다나베 기요시도 높은 곳에 올라가서 세상을 향해 하소연을 하면서 연돌남이라고 불렸다. 어쩌면 강주룡은 을밀대를 보면서 공장 굴뚝에 올라간 그를 떠올렸을지도 모르겠다. 결국 경찰에 의해 강제로 끌려 내려왔다. 지상으로 내려온 그녀에게는 노동조합에 가입했다는 죄목이 씌워졌다. 혹독한 수감생활 과정에서 몸과 마음 모두 약해진 그녀는 병보석으로 풀려났다. 하지만 강주룡은 다시 일어나지 못하고 1932년 8월 13일 영영 눈을 뜨지 못한다. 오늘날에도 노동자들은 높은 곳으로 올라간다. 그곳에서 존재감을 드러내지 못하면 세상은 아무도 그들을 눈여겨보지 않기 때문이다.

비행사가 되어 일본으로 폭탄을 안고 날아가리라!

하늘을 날고자 했던 인간의 꿈은 1903년 라이트 형제에 의해서 실현되었다. 그 후, 비행기는 제1차 세계대전을 거치면서 본격적으로 하늘을 누비게 된다. 이런 항공기의 가능성을 눈여겨본 일단의 집단이 있었으니, 바로 중국으로 건너와 빼앗긴 조국을 되찾고자 했던 독립운동가들이 바로 그들이었다. 그리고 그들 중에 한 명이 바로 권기옥이었다. 1901년 평양에서 태어난 그녀가 처음 비행기의 존재를 알게 된 것은 1917년 5월, 미국의 곡예비행사인 스미스가 여의도 비행장에서 처음 곡예비행을 선보이면서였다. 당시 그의 곡예비행은 조선의 많은 청소년들에게 비행사라는 꿈을 심어 주었고, 권기옥도 그중 한 명이었다. 하지만 세상은 그녀에게 마냥 꿈을 품고 있도록 놔두지 않았다. 1919년 3.1만세운동이 일어나자 숭의여학교 졸업반이었던 그녀는 태극기를 들고 거리로 뛰쳐나간다. 송죽회라는 비밀 결사에 가담했을 정도로 애국심이 드높았던 권기옥으로서는 당연한 일이었다. 만세를 부르다 일본 경찰에 체포되었지만 풀려난 이후에는 독립운동의 길을 걸었다. 상해에 세워진 임시정부로 보낼 자금을 마련하는 일에 앞장서는 한편, 평안남도 도청을 폭파하는 임시정부의 공작에 가담하기도 했다. 이런저런 일로 일본 경찰의 감시가 심해지자 권기옥은 상해로 망명해서 본격적인 독립운동의 길을 걷게 된다. 어학 공부를 마친 그녀는 임시정부의 주선으로 운남 육군항공학교에 입학한다. 프랑스 교관으로부터 비행훈련을 받은 그녀의 목표는 단 하나, 독립군의 날개가 되어서 일본군의 머리 위로 폭탄을 떨어뜨리는 것이었다. 그래서 운남 항공학교에 입학하면서 비행사가 되어 일본으로 폭탄을 안고 가겠다는 포부를 밝히기도 했다. 무사히 항공학교를 졸업한 권기옥은 장개석이 이끄는 중국 국민혁명군 항공사령부 소속 비행사로 활동한다. 이즈음부터 조선의 신문에는 권기옥의 이름이 안창남 같은 비행사들과 함께 언급된다. 비행사로 활동하던 그녀는 같은 독립운동가인 이상정을 만나 결혼을 하면서 가정을 꾸린다. 이후 중일전쟁이 터지자 중경으로 이동해서 일본어로 선전방송을 하고 정보수집 임무를 수행한다. 그러면서도 틈틈이 임시정부를 위한 활동도 계속했는데 대표적인 것이 1943년 대한애국부인회를 재조직한 것이다. 광복을 맞이해서 조국으로 돌아온 그녀는 1988년 4월 세상을 떠난다. 독립을 향한 그녀의 날갯짓이 멈춘 것이다.

5

권애라

내 항상 그리던 님

허리 꺾인 님이시여

흐르는 피 강산에 즐펀

끊어진 님의 허리

내가 이어 놓으리

1920년 3월, 서대문 형무소의 여옥사 제8호실에서는 때아닌 만세 소리가 울려 퍼졌다. 1919년에 벌어진 3.1만세운동 1주년을 기념해서 수감된 죄수들이 벌인 행동이었다. 그 중심에는 우리가 잘 아는 유관순이 있었고, 그 옆에는 유관순의 이화학당 선배인 권애라가 있었다. 1919년 3월 1일의 만세 운동을 앞두고 개성 시내에는 긴장감이 흘러넘쳤다. 경성에서 몰래 인쇄한 독립선언서가 도착했기 때문이다. 문제는 그걸 어떻게 일본 경찰에게 들키지 않고 사람들에게 나눠 줄 수 있는지였다. 다들 주춤한 가운데 권애라가 팔을 걷어붙였다. 1897년 개성에서 태어난 그녀는 경성으로 유학을 가서 이화학당과 이화여전을 졸업하고 다시 고향으로 돌아왔다. 예배당에 속한 유치원의 교사로 일하던 그녀는 전도사인 어윤희와 함께 독립선언서를 배포한다. 그리고 3월 3일 개성에서 일어난 만세 운동의 핵심적인 역할을 한다. 일본 경찰에 체포된 권애라는 서대문 형무소로 끌려갔고, 그곳에서 후배인 유관순과 만나게 된다. 형기를 마치고 풀려난 그녀는 독립을 향한 발걸음을 멈추지 않았다. 경성의 예배당을 돌면서 일본에게 저항하라는 내용의 연설을 계속했고, 결국 다시 일본 경찰에게 체포되고 만다. 풀려난 그녀는 1922년 모스크바에서 열린 극동인민대표회의에 한민족 여성대표로 참석한다. 이후 그녀는 중국에서 활동한다. 상해를 중심으로 여성 지위 향상 운동에 참여하고, 독립운동에 적극적으로 뛰어들었다. 중일전쟁이 한창이던 1942년, 관동군 특무대에 체포된 권애라는 치안유지법 위반으로 12년형을 선고받고 형무소에 수감되었다가 광복을 맞이한다. 석방된 그녀는 식민지에서 벗어난 조국으로 돌아온다. 고향인 개성이 북한 땅이 되면서 안동에 자리 잡은 권애라는 1967년 실시된 국회의원 선거에 한국독립당 후보로 출마하기도 했다. 남아 있는 선거 포스터의 사진 아래 독립운동가로서 살아온 그녀의 삶이 간략하게 정리되어 있다.

6

강평국

**나라에 봉사하는 길은 여성도 공부하는 길이다. 여자라고 반
드시 남성들에게 뒤지란 법은 없다. 여성의 법적·사회적 지위가
남성과 동등해야 한다. 공부하다 졸음이 오면 대한독립 만세를
불러라.**

전근대 여성의 삶은 가혹했지만 제주도 여성들의 삶은 더
더욱 그러했다. 살림은 물론이고 깊은 물속에 들어가는 해녀
로 억척스럽게 살아야만 했다. 천주교 집안에서 태어난 강평
국은 어릴 때 부모님을 잃고 오빠 손에 자란다. 아가다라는 세
례명을 받고 제주 신성여학교를 졸업하고 경성으로 유학을
떠난다. 3.1만세운동이 일어나던 1919년 경성여자고등보통
학교 사범과를 나온 강평국은 고향인 제주도로 돌아와서 교
육자의 길을 걷는다. 문맹 퇴치 활동과 더불어서 여성 지위 향
상 운동에 참여한다. 그리고 더 큰 꿈을 위해 일본으로 유학을
떠나 의학을 전공한다. 강평국은 사회 활동에도 적극적으로
참여해서 근우회 동경지부가 만들어질 때 적극적으로 참여한

다. 하지만 암울한 시대는 그녀의 날개를 무참하게 꺾어 버렸다. 활발하게 사회 활동에 참여하면서 독립운동을 위한 비밀 결사를 조직했던 것이 발각되고 만다. 그 일로 일본 경찰의 감시망에 포착된 강평국은 검거되고 만다. 계속된 활동과 학업에 지쳐 있던 그녀는 일본 경찰의 가혹한 고문을 견디지 못하고 결국 1933년, 세상을 떠나고 만다. 여성의 지위 향상이 곧 나라를 위한 길이라고 믿었던 그녀는 가시밭길 같던 선구자의 길을 걷다가 끝끝내 일찍 세상을 등지고 말았다.

김경희

나는 독립을 못 보고 죽으니 훗날 독립이 완성되는 날
내 무덤에 독립의 뜻을 전해 다오.
나는 죽어서도 대한독립의 만세를 부르리라.

소나무와 대나무는 절개와 굳센 의지를 상징한다. 1913년
숭의여학교 교사와 학생들이 은밀히 모여서 구성한 비밀결사
의 이름이 송죽회가 된 것도 아마 그런 의지를 가지고 독립운
동을 하기 위해서였을 것이다. 숭의여학교 출신인 김경희는
송죽회를 주도적으로 이끌었다. 비밀을 유지하기 위해 기도
회를 명목으로 비밀리에 모여서 회의를 열고, 다양한 방법으
로 모은 자금을 해외의 독립운동가들에게 보내는 활동을 했
다. 송죽회는 숭의여학교가 있는 평양뿐만 아니라 전국 각지
에 지부를 만들면서 세력을 키워 나갔다. 하지만 김경희는 일
본 경찰에 체포되면서 혹독한 고문을 받고 결국 교사직에서
쫓겨나고 만다. 그녀는 좌절하지 않고, 1919년 고종의 갑작스
러운 사망을 기회로 삼아 만세 시위를 준비한다. 그리고 3월 1

일, 평양에서 대대적으로 벌어지는 만세 시위를 주도한다. 그 일로 일본 경찰의 추격을 받자 상해로 망명해서 임시정부에 가담한다. 하지만 일본 경찰의 고문에 몸이 심하게 망가졌던 그녀는 낯선 상해에서 더 이상 버티지 못하고 귀국하고 만다. 건강이 심하게 안 좋았음에도 불구하고 대한애국부인회 결성을 위해 동분서주한다. 그리고 결국 건강이 악화되면서 1920년 9월 세상을 떠나고 만다. 조국의 독립을 보지 못한 것이 한스러웠던 그녀는 조국이 자유로워지면 자신의 무덤에 그 소식을 알려 달라는 유언을 남겼다. 죽음조차 조국을 향한 김경희의 마음을 꺾지 못했던 것이다.

김란사

미국이나 유럽에서는 고등학교 졸업생이 바느질이나 요리하는 법을 배우는 것을 바라지 않습니다. 교육의 목적은 요리사나 간호원을 배출하는 것이 아닙니다.

그녀는 하란사라고 불렸지만 사실은 김씨 집안에서 태어났다. 하씨 성은 남편인 하상기의 성을 빌린 것이다. 미국 유학 시절 남편의 성을 붙이는 그곳의 관습 때문에 하씨가 된 것이다. 란사(蘭史)라는 이름은 이화학당에 입학하면서 받은 낸시(Nancy)라는 영어 이름을 음역해 란사라고 불린 것이다. 그러니까 그녀의 삶에서 온전히 그녀의 것은 아무것도 없었다. 그런 그녀의 삶이 변한 것은 바로 새로운 것을 배우겠다는 열망이었다. 배움의 길을 찾기 위해 이화학당의 문을 두드린다. 하지만 당시 이화학당은 미혼의 여성만 입학이 가능했다. 프라이 선생에게 그 얘기를 들은 그녀는 자신의 처지를 하소연한다.

"내 인생이 지금 꺼진 등불처럼 깜깜합니다. 제게 빛을 찾아 주시지 않겠습니까?"

자신의 인생을 꺼진 등불에 비유하면서 마음속 깊이 우러나는 하소연을 했다. 아울러 어머니들이 공부를 해야 자식을 깨우쳐 주지 않겠느냐며 모성 본능을 자극하는 말도 덧붙였다. 그녀의 열의에 감동한 프라이 선생은 특별히 입학을 허가했다. 뒤늦게 시작했지만 누구보다 열심히 공부한 그녀는 이화학당을 졸업한 후 남편과 함께 일본 유학을 간다. 그리고 한발 더 나아가 미국 유학에 도전한다. 1900년, 미국 오하이오주에 있는 웨슬리언대학에 입학한 그녀는 한국 여성 최초로 미국 대학을 졸업하고 조선으로 돌아온다. 귀국 후에는 모교인 이화학당에서 학생들이자 후배들을 가르치면서 이문회라는 단체를 결성한다. 겉으로는 학생들의 자치 조직을 표방했지만 국권을 상실한 후에는 자연스럽게 일본의 지배에 저항하는 독립운동 조직으로 변모한다. 그러면서 여성의 지위 향상을 위해 다방면에 걸쳐서 노력했는데 지식인에서 친일파로 변모한 윤치호가 여성을 교육시키면 시어머니에게 반항을 하고 요리나 살림에 서툴러진다고 비난하자 그에 대해 학교는 요리나 살림을 가르치는 곳이 아니라고 따끔하게 일침을 놓는다. 1919년, 제1차 세계대전이 끝나고 파리에서 강화회의가 열리기로 결정된다. 김란사는 고종의 지시로 은밀히 파견될 준비를 한다. 하지만 고종의 갑작스러운 죽음으로 인해 무

산되고 만다. 안타까운 마음을 품고 중국으로 망명한 그녀는
베이징으로 건너갔다가 갑작스럽게 세상을 떠난다.

김마리아

나는 오직 서기만 알 뿐, 일본의 연호는 모르는 사람이오.

말 속에 담겨진 칼은 때로는 진짜 칼보다 더 강한 위력을
발휘할 때가 있다. 숨 쉬기조차 무서운 재판정에서 김마리아
는 일본의 연호를 알지 못한다고 대답했다. 숱한 고문으로 온
몸이 망가져서 몸을 가누기조차 어려운 상황에서 말이다. 고
문으로 그녀를 굴복시켰다고 생각한 일본 경찰과 법관들이
얼마나 화를 냈을지는 어렵지 않게 상상할 수 있다. 칼보다 더
날카로운 말을 내뱉을 수 있었던 그녀의 의지는 어디에서 시
작되었을까? 그것은 아마 '집안'이었을 것이다. 독실한 기독
교 신자였던 아버지는 그녀에게 '마리아'라는 이름을 지어 주
었다. 그리고 집안 친척들 상당수가 훗날 상해 임시정부에 가
담한 독립운동가들이었다. 고향을 떠나 경성의 정신여학교로
유학을 온 그녀는 졸업을 한 후 광주의 수피아여학교로 부임
한다. 그리고 공부가 부족하다는 것을 느끼고는 다시 일본 유
학을 떠난다. 그곳에서 공부를 하던 김마리아는 1919년 2월

8일, 동경의 조선기독교청년회관에서 열린 독립선언식에 참석한다. 그리고 동경 유학생들의 상황을 전달하기 위해 귀국을 결심한다. 그리고 지방을 돌면서 만세 운동에 나설 것을 적극 권유하고 경성으로 돌아온다. 3.1만세운동이 일어나고 주모자로 체포된 그녀는 혹독한 고문을 당하지만 굴복하지 않는다. 석방된 그녀는 곧장 침체되어 있던 대한민국애국부인회의 재건에 나선다. 하지만 밀정의 고발로 인해 다시 체포되고 만다. 그녀는 법정에서 나는 오직 서기만 알 뿐, 일본의 연호는 모른다고 당당하게 목소리를 높였다. 그 대가로 혹독한 고문을 받고 병원에 입원하게 된다. 김마리아는 굴복하지 않고 은밀히 탈출해서 임시정부가 세워진 상해로 망명한다. 이후 미국으로 건너가 신학을 공부하던 그녀는 1933년 귀국길에 오른다. 일본 경찰의 삼엄한 감시 속에서 원산의 신학교에서 학생들을 가르친다. 그러면서 신사참배에 반대하는 등 일본을 향한 저항을 멈추지 않았다. 저항으로 아로새겨진 김마리아의 삶은 1944년 3월, 고문으로 인해 망가진 몸을 회복하지 못하면서 멈추게 된다.

김알렉산드라

비록 가 보진 못했지만 우리 아버지 고향이 조선인데 8도라고 들었다. 내 한 발 한 발에 조선에 살고 있는 인민들, 노동자들의 미래에 대한 희망, 새로운 사회가 실현되기를 바라는 마음을 담는다.

1918년 9월, 러시아의 아무르 강가에 일단의 백위군이 총살을 준비한다. 총살의 대상은 작은 체구의 동양인 여성인 알렉산드라 페트로브나 김이었다. 동지들이 김알렉산드라라고 부르던 여성은 총살을 집행하는 백위군 장교에게 여덟 걸음만 걷게 해 달라고 요청한다. 왜 여덟 걸음이냐는 물음에 김알렉산드라의 대답은 곧 유언이 되었다. 19세기 후반, 수많은 조선인들이 얼어붙은 강을 건너 러시아로 향했다. 관리들의 수탈과 흉년에 견디지 못하고 동토의 땅으로 희망을 찾아 떠난 것이다. 그 대열 속에는 김알렉산드라의 아버지도 포함되어 있었다. 그래서 그녀의 고향은 조선이 아니라 연해주였다. 일찍 아버지를 여의고 결혼을 했지만 곧 이혼을 하고 러시아

사회민주노동당에 가담한다. 학대받는 조선인 노동자들을 위해 투쟁하던 그녀에게 혁명의 열기가 불어닥친다. 제1차 세계대전에 참전했던 러시아가 10월 혁명을 통해 볼셰비키가 주도권을 잡은 것이다. 하지만 볼셰비키에 반대하는 세력이 봉기하면서 적백 내전이라고 불리는 러시아 내전이 발발한다. 여기에 볼셰비키의 공산 혁명을 막기 위해 열강들이 출병해서 블라디보스토크를 장악하는 일이 벌어진다. 김알렉산드라는 훗날 임시정부의 국무총리를 역임하는 이동휘와 함께 한인사회당을 창당하면서 본격적인 혁명가의 길을 걷는다. 이민자 집안 출신이며, 아시아 여성이라는 불리함을 이겨 내고 두각을 나타낼 수 있었던 것은 혁명이 조국을 자유롭게 해 줄 것이라는 믿음 때문이었다. 하지만 그녀의 활동무대였던 연해주는 백위군과 그들을 지원하는 일본군에게 점령당하고 만다. 최후까지 투쟁하던 그녀는 결국 백위군에게 체포되고 만다. 총살당한 그녀의 시신은 강에 던져진다.

김순애

1. 국내외 부녀를 총 단결하여 전민족해방운동 및 남자와 일률 평등한 권리와 지위를 향유하는 민주주의 신공화국 건설에 적극 참가하여 공동 분투하기로 함.

2. 혁명적 애국 부녀를 조직 동원하여 국내외 전체 부녀동포의 각성과 단결을 촉성하며, 나아가 전민족의 총단결과 총동원을 실시하기 위하여 노력하기로 함.

3. 전민족해방운동을 총영도하는 혁명적 권력구조인 대한민국 임시정부를 적극 옹호함.

4. 부녀의 정치·경제·교육·사회상 권리 및 지위 평등을 획득하기에 적극 분투하기로 함.

5. 부인의 정치·경제·지식의 보급 향상과 문맹퇴치 및 문화수준의 제고와 특히 아동 보육사업에 노력함.

6. 직업상 부녀의 권리 및 지위의 남녀평등과 특별 대우 향유의 획득에 노력함.

7. 전 세계 반파시스트 부녀의 국제적 단결을 공고히 하여 전세계 부녀의 해방과 전 인류의 영원한 평화와 행복을 쟁취하기

위하여 공동 분투하기로 함.

　전근대 시대 여성들은 누군가의 아내, 어떤 이의 어머니로 주로 기억되었다. 김순애 역시 그런 여성 중 한 명으로 기억될 뻔했다. 바로 신한청년당의 대표로 파리강화회의에서 활동한 김규식의 아내로서 말이다. 하지만 그녀는 스스로 떨쳐 일어나면서 역사에 자신의 이름을 남겼다. 정신여학교 교사로 활동하면서 학생들에게 항일의식을 심어 준 것이 들통나자 친오빠인 김필순과 함께 중국으로 망명한 것이 첫걸음이었다. 그리고 중국에서 김규식과 만나 혼인을 한다. 결혼 직후, 남편인 김규식은 파리로 파견되었다. 김규식이 파리로 떠나고, 여운형을 비롯한 신한청년당 멤버들은 만주와 조선, 일본으로 흩어진다. 김규식을 특사로 파견했다는 소식을 전하면서 독립운동을 일으키기 위해서였다. 마침, 국내에서는 고종의 죽음을 계기로 종교계와 학생들이 힘을 합쳐 대대적인 시위를 준비 중이었다. 김순애 역시 국내로 파견되어서 비밀리에 독립운동가들과 접촉하면서 소식을 전했다. 3.1만세운동이 벌어지기 직전 중국으로 돌아온 김순애는 다른 여성 독립운동가들과 함께 대한애국부인회 결성에 참여한다. 3.1만세운동 이후 경성과 평양에서 같은 이름의 단체들이 구성되었다. 그것은 독립운동에 수많은 여성들이 헌신적으로 나섰다는 것을 의미한다. 김순애는 간호사들의 양성에도 뛰어들었다. 독립군이 일본과의 전쟁을 벌일 경우 부상자들을 치료할 간호사들이 필요할 것이라고 예측했기 때문이다. 그밖에도 독립운동 자금을 모집하고, 독립운동가들의 가족들을 돌봐 주는 등 그 어떤 독립운동가들보다 더 열심히 활동했다. 1937년 중일전쟁이 벌어지고, 일본군이 파죽지세로 진격하자 임시정부는 내륙의 중경으로 이동한다. 중경에 자리 잡은 김순애는 1943년, 오랫동안 활동을 중지했던 대한애국부인회를 다시 재건하는 데 앞장선다. 7개 조항의 행동강령에는 조국의 독립 뿐만아니라 여성들의 지위 향상을 위해 많은 노력을 해야 한다는 점을 분명히 했다. 조국의 독립만이 아니라 여성의 해방 역시 중요하다고 봤던 것이다. 우리는 이런 헌신적인 노력과 분투 끝에 오늘날에 이르렀다. 여성의 지위가 향상된 것은 결코 시간이나 외부에서 해결해 준 것이 아니라 김순애 같은 여성들의 노력이 있었다는 점을 잊어서는 안 된다.

조애실

여기 애원이 있습니다.

움직일 수 없는 몸부림이 있습니다.

여기 결박이 있습니다.

주님을 사모할 틈을 주지 않는

말씀을 귀담을 수 없는

병마의 결박이 있습니다.

이 한 알의 약에다 당신의

피 묻은 자비의 손 얹으사

효험을 주옵소서.

혈루증의 여인이 당신의 옷깃을 잡았듯이

떨리며 매달리는 야윈 손길을 기억하옵소서.

나의 주님 그리스도여

병마에서 건지사

주님께 사로잡힌 자 되게 하옵소서.

하나님 말씀에 서게 하여 주옵소서

다시 뛰는 맥박은 주님 것이오매

용감했던 옛 선지같이

만방의 입이 되게 하옵소서.

생동하는 믿음의 징표가 되게 하옵소서.

이 간절한 흐느낌은 차라리 통곡이기를…

《차라리 통곡이기를》에 실린 이 시에서는 광복을 향한 뜨
거운 몸부림이 담겨 있다. 이 시를 쓴 조애실은 3.1만세운동
으로 인해 태어났다. 어머니인 김영순이 함경도 길주에서 벌
어진 3.1만세운동에 참여했다가 쫓기면서 마굿간에 숨었다.
그러자 집안에서는 그녀의 행방을 수소문하면서 만약 찾는
사람이 미혼일 경우 혼인을 시켜 주겠다는 조건을 내건다. 김
영순은 마굿간 집 주인 아들에 의해 발견되었고, 둘이 결혼을
하면서 태어난 딸이 바로 조애실이었다. 어릴 때부터 어머니
의 영향을 깊게 받은 조애실은 유복한 집안 환경을 뿌리치고
아오지탄광으로 향했다. 그곳에서 돈을 많이 벌게 해 주겠다

는 일본인들의 꾐에 빠져 끌려온 조선인 노동자들과 그 가족들을 위해 야학을 연 것이다. 배울 형편이 되지 않아 글을 읽고 쓸 줄 몰랐다. 따라서 아무리 부당한 일을 당해도 항의를 하지 못했다. 조애실은 그런 노동자들이 조금이나마 자신의 권리를 찾기를 바랐다. 하지만 일본 경찰은 그런 그녀의 의도를 불순하다가 여기고 감시하다가 전격적으로 체포했다. 야학에서 조선의 고전소설들을 읽어 주고, 지금은 비록 식민지이지만 예전의 조선은 그렇지 않았다는 걸 가르쳤다는 명목에서였다. 그녀가 사회주의자이거나 혹은 그들이 배후에 있다고 믿은 일본 경찰은 혹독한 고문을 가했지만 조애실은 끝끝내 버텨 냈다. 아마 만세 시위에 앞장섰던 어머니의 피를 그대로 이어받았기 때문이 아닐까 싶다. 심한 고문으로 인해 사경을 헤매던 그녀는 병보석으로 풀려나면서 겨우 위기를 넘겼다. 그리고 일본 경찰의 감시를 피해 정든 고향을 떠나 경성으로 향했다. 경성에서도 그녀의 저항은 멈추지 않았다. 교회에서 비밀독서회를 운영하면서 독립의식을 고취시키는 한편, 한글 전파에 앞장섰다. 1940년대 접어들면서 일본이 조선의 얼을 탄압하기 위해 한글의 사용을 탄압한 것에 맞선 것이다. 그녀의 이런 활동은 일본 경찰에게 감지되면서 1944년 다시 체포되고 만다. 다음 해, 광복이 되면서 풀려난 그녀는 신문기자로 일하면서 시인으로도 활동했다. 그러면서 자신의 일대

기를 담은《차라리 통곡이기를》을 통해서 지나온 삶을 잔잔

하게 돌아봤다.

13

김필례

　왜 우리나라는 일본의 속국이 되었나, 그들은 작은 섬나라 왜
인이지만 무혈전쟁으로 우리나라를 보호국으로 만들었고 우리
는 왜 크나큰 다툼 없이 남의 보호를 받게 되었나. (…) 필경은 국
민성이 다르기 때문에 또는 국민성이 개화되지 못했기 때문에 우
리 조국은 뼈아픈 곤욕을 당하고 있을 것이다. 그러면 그들의 국
민성은 어떤 것일까, 연구해 보고 싶었다. 연구해 보고 좋은 점,
훌륭한 점이 있으면 모조리 가져오고 싶었다. 배워 오고 싶었다.
거기엔 역사의 연구가 첩경인 것 같았다.

　그녀는 평생 교육자로 살아갔다. 그러면서 왜 우리는 식민
지가 되고 일본은 우리를 집어삼켰는지를 이유를 찾으려고
노력했다. 그것은 차츰 무너져 가는 나라를 지켜보던 답답함
에서 시작되었을 것이다. 그녀가 찾아낸 해답은 바로 '교육'이
었다. 일본은 빠르게 개항을 하고 서구의 문물과 교육을 받아
들이면서 강대국의 반열에 올라선 반면, 조선은 거기에 따르
지 못하면서 식민지가 되었다고 본 것이다. 그래서 교육만이

조선을 해방시켜 줄 것이라고 믿었다. 황해도의 개신교 집안에서 태어난 그녀는 경성으로 유학을 와서 정신여학교를 졸업한다. 그리고 일본 유학을 갔다가 돌아와서 모교인 정신여학교의 교사로 일한다. 결혼 후 전라도 광주로 내려간 그녀는 수피아여학교로 자리를 옮긴다. 미국 유학을 다녀온 이후 수피아여학교의 교장이 된 김필례는 중일전쟁이 발발하고 일본이 강압적으로 신사참배를 요구하자 우상을 숭배할 수 없다면서 단칼에 거부한다. 일본은 신사참배를 거부한 수피아여학교의 문을 강제로 닫았고, 교장의 자리에서 쫓겨난 그녀는 해방이 될 때까지 야학과 봉사활동으로 사람들을 만난다. 해방이 된 이후에도 교육자로 살아가면서 여성과 조국을 위해 헌신했다.

김향화

왜놈들이 정조대왕의 효심이 서린 봉수당에 의원을 들여 치욕스러운 검사를 받으라는 건 우릴 금수처럼 학대하는 것이고 조선을 욕보이려는 수작이다.

김향화 서도홍 이금희 손산홍 신정희 오산호주 손유색 이추월 김연옥 김명월 한영향 정월색 이산옥 김명화 소매홍 박능파 윤연화 김앵무 이일점홍 홍죽엽 김금홍 정가패 박화연 박연심 황채옥 문롱월 박금란 오채경 김향란 임산월 최진옥 박도화 김채희

위의 33명은 수원기생조합에 소속된 기생들이며 수원지역에서 벌어진 3.1만세운동에 참여한 인원들이기도 하다. 김향화는 기생들의 시위를 주도한 인물이다. 기생들은 말하는 꽃이라는 뜻의 해어화라고도 불렸다. 기생은 단순히 외모만 예뻐야 하는 것이 아니라 시를 짓고 글을 쓸 줄 알아야만 했다. 춤과 노래도 잘 불러야 했다. 따라서 조선시대 여성들 중에서

는 지식 수준이 높은 편이었다. 뛰어난 기생들은 종종 사대부들이 자신의 글과 일기에 언급할 정도로 인정을 받았다. 하지만 일제강점기에 접어들면서 기생들은 단순히 웃음을 파는 직업여성으로 취급 받았다. 그런 냉대와 차별은 기생들로 하여금 3.1만세운동에 적극적으로 참여하게 만드는 이유가 되었다. 그 시대 대부분의 기생이 그렇듯 김향화 역시 찢어지게 가난한 집안에서 태어났다. 그러다가 십대 중반의 나이에 수원으로 내려와 기생이 되었다. 1919년 1월, 고종이 승하하자 그녀의 운명 역시 요동쳤다. 동료 기생들과 함께 기차를 타고 올라와 고종의 죽음을 슬퍼하던 그녀는 3.1만세운동이 일어나자 동료 기생들과 비밀리에 거사를 벌이기로 한다. 1919년 3월 29일, 수원의 기생들이 자혜병원에 가서 성병 검사를 받아야만 했다. 여성으로서 치욕스러운 일이었을 뿐만 아니라 일본인이 세운 자혜병원 역시 문제였다. 바로 정조 대왕이 세운 화성행궁의 정전에 자리 잡았던 것이다. 효심 깊은 정조 대왕이 어머니인 혜경궁 홍씨의 70세 생일잔치인 진찬례를 열었던 곳을 일본인들이 멋대로 병원으로 만들어 버린 것이다. 그곳으로 향하던 김향화와 기생들은 거리를 걷다가 돌연 만세를 부르면서 시위를 벌였다. 기생들의 만세 소리를 들은 시민들이 가세하면서 거리는 온통 만세를 부르는 사람들로 가득했다. 깜짝 놀란 일본 경찰은 소방대까지 동원해서 시위를 진압했고, 주동자인 김향화를 체포한다. 그녀는 보안법 위반 혐의로 6개월간 감옥에 갇힌다. 석방된 이후 그녀의 행방은 묘연해졌다. 이름을 바꾸고 다른 지역에 가서 기생이 되었을 수도 있고, 평범한 삶을 살았을 수도 있다. 확실한 건 김향화는 말하는 꽃이 아니라 생각하는 꽃, 그리고 저항하는 꽃이 되었다는 점이다.

남자현

사람이 죽고 사는 것이 먹는 데 있는 것이 아니고 정신에 있다.
독립은 정신으로 이루어지느니라.

1933년 8월, 하얼빈의 허름한 여관방에서 60대의 노파가
숨을 거뒀다. 그녀의 이름은 남자현, 여성 독립운동가이며 죽
을 때까지 싸운 투사이기도 했다. 1872년, 경북 안동에서 태
어난 그녀는 인근의 영양으로 시집을 간다. 하지만 남편이 의
병에 참여해서 전투를 벌이던 중 전사하면서 남자현의 운명
은 크게 바뀐다. 남편이 전사할 당시, 그녀는 아들을 임신 중
이었다. 남편을 잃은 그녀는 유복자인 아들을 기르면서 때를
기다린다. 1919년 3.1만세운동이 일어나자 그 때가 왔음을 직
감한 그녀는 만세 운동에 참여한 후, 압록강을 건너 중국으로
향한다. 당시에는 그녀처럼 3.1만세운동을 겪고 나서 중국으
로 망명해서 독립운동을 하는 사람들이 많았다. 그녀가 자리
잡은 곳은 중국 만주에서 조선인들이 많이 살고 있던 간도 지
역이었다. 군정기관인 서로군정서에 적극 참여한 그녀는 간

도 지역을 순회하면서 동포들에게 독립심을 고취시켰다. 특히 여성들에게 적극적인 참여를 독려하면서 교육에도 많은 관심을 기울였다. 1925년에는 조선 총독인 사이토 마코토를 암살하기 위해 국내에 잠입했지만 일본 경찰의 철저한 감시로 뜻을 이루지 못하고 돌아가야만 했다. 그 후에도 만주 지역에서 활동을 이어 갔는데 여성이라는 장점을 십분 이용해서 체포된 김동삼 선생을 면회해서 연락책 임무를 맡기도 했고, 일본의 압력을 받은 중국 경찰에게 체포된 안창호 선생의 옥바라지를 했다. 1932년에는 일본의 만주침략을 조사하기 위해 국제연맹에서 조사단을 파견하자 조선 독립의 뜻을 전달하기 위해 혈서를 쓰고 손가락을 잘라서 전달하기도 했다. 일본의 만행을 세계에 알리기 위해 최선을 다한 것이다. 다음 해에는 일본의 괴뢰국인 만주국의 실세인 일본대사를 암살하기 위해 권총과 폭탄을 가지고 하얼빈으로 향하다가 일본 경찰에게 체포되고 만다. 일본 영사관의 감옥에 갇힌 그녀는 배후를 캐내기 위해 고문을 가하는 일본 경찰에 맞서 단식 투쟁을 벌인다. 혹독한 고문과 단식은 환갑이 된 그녀에게 감당하기 힘든 일이었다. 그녀가 사경을 헤매자 일본 경찰은 병보석으로 석방한다. 병원에 입원했다가 여관으로 거처를 옮긴 남자현은 소식을 듣고 찾아온 아들에게 조국이 독립하면 축하금으로 내놓으라는 말과 함께 가지고 있던 돈을 모두 건넨다.

그리고 사람이 죽고 사는 것은 먹는 데 있는 게 아니라 정신
에 있다고 하면서 독립은 정신으로 이뤄야 한다는 유언을 남
기고 눈을 감는다. 유족들은 그녀의 뜻을 기리기 위해 1946년
3.1만세운동 기념식에 이 돈을 전달한다. 여성과 나이라는 한
계를 벗어난 그녀의 꿈이 이뤄진 것이다.

16

박차정

조선에서 자란 소년들이여

가슴이 피 용솟음치는 동포여

울어도 소용없는 눈물 거두고

결의를 굳게 하여 모두 일어서라.

한을 지우고 성스러운 싸움으로

필승의 의기가 여기에서 띈다.

　공교롭게도 그녀가 태어난 해는 바로 조선이 국권을 잃은 1910년이었다. 어쩌면 그녀의 투쟁은 태어날 때부터 빼앗긴 것을 찾기 위해서 예정된 것일지도 모르겠다. 일제의 지배를 견디지 못하고 자살한 아버지와 다니던 일신여학교가 부산 지역의 3.1만세운동에 적극적으로 참여했다는 점은 박차정이 어떤 분위기 속에서 성장했는지를 보여 준다. 그녀가 일신여학교를 다니던 1927년 신간회가 결성된다. 1920년대 후반 좌우익이 손을 잡고 만든 항일단체로 3만 명이 넘는 회원들과 국내의 저명한 독립운동가들이 참여했다. 뒤이어 근우회라는 여성단체도 만들어졌다. 신간회처럼 독립운동은 물론 여성들의 지위 향상을 위해 투쟁하기 위한 단체였다. 신간회에 가입해서 활동한 박차정은 근우회 활동에도 적극적으로 참여했다. 1929년 일신여학교를 졸업하고는 아예 경성으로 올라가서 근우회 본부에서 활동했다. 그러면서 1930년 초에 벌어진 경성 여학교 만세 운동을 이끌었다. 1929년 광주에서 벌어진 항일 학생운동을 지원하기 위해 경성의 여학교 학생들이 일제히 시위에 나선 것으로 경찰에서는 근우회를 배후로 지목했다. 근우회에서 핵심적인 역할을 하면서 시위를 주도했던 그녀는 경찰에 체포되었지만 다행히 석방되었다. 하지만 이 일로 인해 국내에서의 활동이 어려워지면서 운신의 폭이 좁아지고 만다. 부산 지역에서 노동운동을 벌였지만 일본의 감시 때문에 제대로 활동하지 못하자 과감하게 중국으로 망명한다. 오빠인 박문호가 중국으로 망명해서 독립운동을 하고 있어서 합류한 것이다. 북경으로 간 박차정은 그곳에서 의열단 단장인 김원봉을 만난다. 다음 해, 김원봉과 결혼한 박차정은 남편 못지않은 투사로 거듭난다. 의열투쟁을 벌이던 김원봉은 군사력을 양성해야 한다는 생각에 중국 국민당과 합작해서 조선 혁명 군사정치 간부학교를 세운다. 박차정은 그곳에서 교관으로 활동하면서 교가를 작사, 작곡한다. 필승의 의기가 여기에서 뛴다는 마지막 부분을 보면 박차정이 어떤 마음으로 활동을 했는지를 짐작할 수 있다. 한편 다른 독립운동가들의 부인과 함께 민족혁명당의 외곽단체인 남경조선부녀회를 세워서 여성 독립운동가들을 후원했다. 선언문을 보면 조선의 여성들이 일본의 지배와 전통의 굴레라는 틀에 갇혀서 고통을 받고 있다고 토로한다. 그 문제를 해결하기 위해서는 일본의 식민 지배를 타도하는 길밖에 없다는 얘기를 하며, 조선의 독립이 여성의 해방으로 이어진다고 역설한다. 1938년에는 김원봉이 조직한 조선의용대의 부녀 복무단 단장을 맡아서 투쟁을 이어 간다. 전선에 나간 그녀는 일본군이 쏜 총탄에 맞아 부상을 당한다. 그리고 그 후유증을 이겨내지 못하고 1944년 세상을 떠나고 만다. 남편인 김원봉은 다음 해, 조국이 독립하자 아내인 박차정의 유골을 가지고 귀국해 자신의 고향인 밀양에 안장했다.

여보, 당신이 남겨 놓고 가신 비참한 잔뼈 몇 개 집어넣은 궤짝을 부둥켜안고 마음 둘 곳 없나이다. 작은 궤짝은 무서움도 괴로움도 모르고 싸늘한 채로 침묵을 지키고 있습니다. 당신의 원통한 고혼(孤魂)은 지금 이국의 광야에서 무엇을 부르짖으며 헤매나이까? 불쌍한 당신의 혼이나마 부처님 품속에 편안히 쉴 수 있도록 이 밤이 밝아 오면 아이들을 데리고 동대문 밖 지장암에 가서 정성껏 기도하겠습니다.

그녀의 첫 번째 세상은 궁궐이었다. 어린 나이에 입궐한 박자혜는 나이가 들면 궁녀가 되어서 평생 임금만 바라보며 지내야 할 처지였다. 하지만 대한제국의 멸망은 그녀의 첫 번째 세상을 빼앗아 갔다. 1911년 1월, 총독부는 궁궐의 궁녀들과 환관들 상당수를 해고했고, 어린 박자혜도 그중 한 명이었다. 세상 밖으로 나온 그녀의 두 번째 세상은 신문명이었다. 다행스럽게도 황귀비 엄씨가 후원하던 숙명여학교에 입학하게 된다. 그곳에서 새로운 학문을 익힌 그녀는 졸업 후에 아이의 출산을 도와주는 조산부 양성소에 들어간다. 여성이 할 수 있는 몇 가지 안 되는 직업 중에 하나로 박자혜가 얼마나 자립심이 강한지 알 수 있는 대목이다. 조산부 자격증을 손에 넣은 그녀는 1916년부터 조선총독부 의원 산부인과에서 간호사로 근무한다. 몹시 불안정하던 당대의 다른 여성들과는 달리 나름대로 안정적인 직장에서 평온한 삶을 살게 된 것이다. 그런 그녀에게 또 다른 세상이 밀어닥친 것은 1919년 3월 1일이었다. 파고다 공원에서 시작된 만세 시위는 경성 전역으로 퍼져 나갔고, 일본은 경찰과 군인을 동원해서 폭력적으로 진압한다. 피를 흘리고 상처를 입은 조선인들이 밀어닥치자 그녀는 자신에게 새로운 세상이 다가왔음을 깨달았다. 맨손으로 만세를 부르짖었다는 이유로 다친 환자들을 보면서 그녀는 자신이 식민지 조선의 여성이라는 사실을 깨달은 것이다. 그녀는 같은 병원에서 근무하는 조선인 간호사들을 규합해서 간우회라는 조직을 만들고 만세 시위에 나서기로 한다. 하지만 시위 직전, 박자혜는 정보를 입수한 일본 경찰에 의해 체포되고 만다. 다행히 금방 풀려나긴 했지만 경찰서 밖으로 나온 그녀의 삶은 송두리째 변했다. 일본이 주는 월급을 받을 수 없다는 마음에 간호원을 그만둔 박자혜는 중국의 베이징으로 향한다. 그리고 그곳에서 운명의 남자 신채호를 만난다. 심지가 굳건한 신채호와 평온한 길을 버리고 가시밭길을 걷기로 한 박자혜는 여러모로 잘 어울리는 한 쌍이었다. 하지만 두 사람의 부부생활은 가난과 궁핍으로 인해 갈라서게 된다. 신채호는 중국에 남고, 박자혜는 자식들을 데리고 조선으로 돌아온 것이다. 조산원 자격증이 있던 그녀는 종로 인근에 산파소를 차려 생계를 이어 가려고 한다. 하지만 일본 경찰의 감시를 받는 산파소를 이용할 간 큰 산모는 없었다. 결국 가난이 끝없이 이어지고 만다. 설상가상으로 일본 경찰에 체포된 남편 신채호가 여순의 형무소에서 위독하다는 소식을 듣는다. 한걸음에 달려갔지만 신채호는 십 년 만에 만난 아내의 앞에서 끝내 눈을 뜨지 못하고 세상을 떠난다. 남편의 유골을 수습한 그녀는 자신의 애절한 마음을 추모의 글로 남긴다. '곡하는 마음'이라는 제목의 이 추모 글에서는 아이들과 함께 동대문 밖 지장암에 가서 정성껏 기도하겠다는 것으로 아픈 마음을 달랜다. 조선으로 돌아온 그녀는 상심과 가난에 시달리면서 몇 년 후, 남편을 따라 마지막 세상으로 향한다.

18

박진홍

그러나 부부가 이러고 다니느라고 가정적인 단란한 맛은 통 없어요. 동덕 때부터 난 문학소녀였고 사회생활이란 그리 오래 되지 못했지요. 10년의 감옥 생활을 빼면 이제 겨우 스물세 살이 라니까요. 그래서 이따금씩 꿈을 그리다가 현실 앞에 깜짝 놀라 곤 해요. 가정은 민주주의적이긴 합니다. 서로 다 혁명운동에 리 해가 있지요. 그러나 집사람도 봉건의식이 조금은 남아 있어요. 내가 무얼 쓰면 여자가 저런 걸 쓴다고 퍽 신기하게 여겨요. 호호 호호. 우리 부녀운동이 물론 봉건도덕에 얽매여 버리는 극우적 인 현상도 잘못이지마는 너무 가정을 경멸파괴하고 남편을 투쟁 대상으로 삼는 것은 극좌적인 오류예요. 현 단계에 있어서는 부 부가 단결해서 혁명의 기초가 되어야 할 줄 압니다.

오랜 세월 억압받고 차별당하던 여성들이 눈을 뜨기 시작 한 것은 한말과 일제강점기였다. 서구의 문물과 관습이 들어 오면서 여성에 대한 차별금지와 지위 향상에 대한 관심들이 높아졌다. 그런 관심들은 자연스럽게 식민지라는 당대의 현실과 맞물려진다. 일본에 의해 차별을 받는 와중에는 여성의 지위가 향상될 여지가 없었기 때문이다. 결국 여성 혁명가들의 투쟁은 일본을 향할 수밖에 없었다. 1914년 함경북도 명천에서 태어난 박진홍이 경성으로 오게 된 것은 1928년, 그녀의 나이 15살 때였다. 집안 형편은 넉넉하지 않았지만 어린 시절부터 천재 소리를 들었던 박진홍에게 제대로 공부를 가르치기 위한 부모의 결단이었다. 경성에 온 박진홍은 동덕여자고등보통학교에 들어갔다. 가난한 형편 때문에 입주 가정교사 노릇을 하면서 학업을 이어 가야 했다. 그런 상황에서도 명석한 두뇌를 가진 그녀는 동덕여고보 개교 사상 가장 머리가 좋은 학생이라는 타이틀을 받았다. 하지만 일제강점기라는 시대는 박진홍이 머리 좋은 학생으로 남도록 만들지 않았다. 박진홍은 광주학생운동 1주년을 맞이해서 동맹휴학을 주도하면서 세상에 대한 저항을 드러낸다. 이후, 당시 유행하던 사회주의를 받아들이는 한편, 학습 환경 개선을 위한 동맹휴학에 나섰다가 퇴학을 당하고 만다. 학교 밖으로 나온 그녀는 공장에 취직해서 노동운동가로 변신한다. 1930년대 공업화의 바람이 불면서 우후죽순처럼 세워진 공장에서는 일본인과 남성들에게 차별 받는 여성 노동자들의 눈물이 마를 날이 없었다. 투쟁을 이어 가던 그녀에게 동덕여고보의 역사교사였던 이재유가 나타난다. 투쟁의 동지에서 남녀 간의 인연으로 이어진

두 사람의 삶은 문서를 전달하러 나갔던 박진홍이 일본 경찰에 붙잡히면서 끝이 났다. 이후 그녀는 경찰서와 감옥을 집처럼 드나들어야 했다. 1944년이 되어서야 자유의 몸이 된 박진홍의 곁에 남편 이재유는 없었다. 같은 해, 감옥에서 눈을 감은 것이다. 밖으로 나온 그녀는 국문학자인 김태준과 재혼한다. 그리고 두 사람은 일본 경찰의 감시를 피해 중국으로 향한다. 조선의용군이 있는 연안으로 가서 투쟁을 이어 가기로 한 것이다. 철도나 자동차 대신 걸어서 가는 두 사람의 여정은 1945년 5월, 연안에 도착하면서 끝났다. 하지만 얼마 후, 일본이 무조건 항복을 하고, 조선이 광복을 맞이하자 다시 조국으로 돌아온다. 해방된 조국 역시 투쟁의 무대였다. 조선부녀총동맹에 참가한 그녀는 남편 김태준이 총살당하기 직전 북한으로 넘어가고 우리 역사 속에서 사라져 버린다. 하지만 자유를 향한 그녀의 투쟁은 우리 기억 속에 남았다.

19

곽낙원

나는 지금부터 시작해 '너'라는 말을 고쳐 '자네'라 하고 잘못하는 일이라도 말로 꾸짖고 회초리를 쓰지 않겠네. 듣건대 자네가 군관학교를 하면서 다수 청년을 거느리고 남의 사표(師表)가된 모양이니, 나도 체면을 세워 주자는 것일세.

곽낙원은 우리나라를 대표하는 독립운동가 중 한 명인 백범 김구 선생의 어머니이다. 1859년 황해도 재령에서 태어난 그녀는 당대 조선의 여인들과 비슷한 길을 걸었다. 배움도 없었고, 자신의 재능을 펼칠 기회도 주어지지 않았다. 그녀에게 주어진 것은 오직 아들인 김구를 키우는 일뿐이었다. 그러다가 아들이 동학에 가입하는 것을 시작으로 역사의 폭풍 속으로 뛰어들자 어머니 역시 딸려 가게 된다. 치하포 사건으로 인해 체포된 아들 김구가 인천의 감옥에 갇혔을 때 남편과 함께 옥바라지를 했으며, 아들이 탈옥을 하자 가족이라는 이유로 감옥에 갇히기도 했다. 3.1만세운동 이후 아들 김구가 상해 임시정부에 합류하기 위해 중국으로 떠나자 따라서 건너간다. 그리고 임시정부의 가정부이자 식모를 자처하면서 허드렛일을 한다. 우리는 영화나 드라마에서 주인공이 싸우거나 공부하는 모습만을 본다. 하지만 주인공이 그렇게 하기 위해서는 무기를 만들고, 보급을 하는 과정이 필요하다. 공부하기 위해서도 뒷바라지를 하는 누군가가 있어야 한다. 영화나 드라마에서는 그런 인물이나 장면이 삭제되기 일쑤지만 실제로는 반드시 존재해야만 했다. 백범 김구 선생에게 그런 존재가 바로 어머니 곽낙원이었다. 그리고 어떤 측면에서 그녀는 아들만큼이나 헌신적인 모습을 보여 준다. 그녀에게 조국은 어떤 존재였을까? 아마 별다른 존재감을 드러내지 못했을 것이다. 조선이 곽낙원이나 김구에게 해 준 게 별로 없었기 때문이다. 하지만 곽낙원은 스스로 멀리 상해의 임시정부에서 국가의 존재감과 필요성을 찾았다. 상해 임시정부가 침체에 빠지면서 곽낙원은 손자들을 데리고 조선으로 돌아온다. 그러면서도 생활비를 모아 아들에게 꼬박꼬박 보내 준다. 1932년, 이봉창과 윤봉길의 의거로 인해 임시정부를 이끌고 있던 아들 김구가 위기에 처하자, 1934년 손자들을 데리고 다시 중국으로 건너간다. 조선에 남아 있다가 일본의 인질이 되어 버릴 것을 염려한 것이다. 1859년에 태어난 그녀의 나이는 이미 70대 중반을 넘어섰지만 손자들을 데리고 아들을 만나러 가는 데에는 아무런 방해가 되지 않았다. 중국으로 건너간 곽낙원은 임시정부의 대모 노릇을 한다. 군관학교에 입교하는 조선인 청년들을 돌봐 주고, 타지에서 고생하면서 느슨해지려는 독립운동가들을 격려했다. 자신의 생일이 다가오자 선물을 하려는 독립운동가들에게 돈으로 달라고 하고는 그걸로 무기를 산 일화는 굉장히 유명하다. 자신의 생일보다 조국의 독립이 더 중요하다는 메시지이자 조금이라도 긴장을 풀지 말고 끝까지 싸우라는 나름대로의 선언인 셈이다. 단순히 김구의 어머니가 아니라 한 명의 여성 독립운동가로서 부족함이 없는 그녀의 행보는 1939년 중국의 충칭에서 노환으로 숨을 거두면서 멈추게 된다. 몇 년 후, 조국은 독립했지만 두 동강이 났고, 온몸으로 그걸 막으려던 아들이 같은 민족의 손에 목숨을 잃는 비극은 보지 않게 된 것은 어쩌면 행운일지도 모르겠다. 인천 대공원의 백범광장에는 위풍당당한 백범 김구의 동상이 세워져 있다. 그리고 그 뒤에는 세상이라는 파도에 맞선 위대한 그녀의 동상이 아들을 영원히 지켜보고 있다.

조선 사람은 친일파나 민족 반역자를 제외하고 다 통일전선에 참가해 한 뭉치가 되어야 한다.

이 얘기는 '백마 탄 여장군'이나 '조선의 잔 다르크'로 불렸던 김명시가 1945년 12월, 기자회견에서 했던 얘기 중 일부다. 김명시의 얘기대로 되었다면 우리는 전쟁과 분단이라는 비극을 겪지 않아도 되었을지 모르겠다. 1907년 마산에서 태어난 그녀는 아버지가 일찍 세상을 떠나면서 어머니와 오빠의 손에 의해 길러졌다. 어머니가 1919년 3.1만세운동에 가담했다가 고문을 받고 후유증으로 세상을 떠난 것이 그녀의 운명을 바꿨다. 오빠인 김형선이 마산 지역의 사회주의 운동에 투신하면서 그녀 역시 자연스럽게 저항의 길을 걷게 된다. 고려공산 청년회에 활동하던 오빠의 주선으로 1925년에 소련의 모스크바로 유학을 떠난다. 그곳에서 공부하던 김명시는 1927년, 상해로 향한다. 열강들의 조계지가 있던 상해는 동양의 파리라고 불릴 정도로 화려한 곳이었으며, 동시에 혁명의 꿈을 품은 혁명가들이 모이던 곳이기도 했다. 김명시는 중국 공산당 한인지부에 가입하고, 박헌영과 김단야 같은 혁명가들 사이에서 활동하면서 역량을 키워 나간다. 1929년에는 홍남표와 함께 길림성으로 가서 조직 확장 사업에 뛰어든다. 이후, 만주 지역에서 일본에 저항하는 운동이 들불처럼 퍼져 나가자 하얼빈에 있는 일본 영사관을 공격하는 임무를 맡기도 했다. 그 후에는 흑룡강을 넘어 천진을 거쳐 상해로 다시 돌아오는데 다시 생각하고 싶지 않을 만큼 고생스럽다는 회고를 남긴 걸 보면 죽을 고비를 여러 차례 넘긴 것 같다. 하지만 그렇게 돌아온 상해 역시 일본의 침략을 받게 된다. 1932년, 그녀는 조선으로 돌아온다. 인천에 자리를 잡은 그녀는 노동자들을 규합하기 위해 지하신문을 만드는 등, 저항운동을 준비하지만 곧 일본 경찰에 의해 발각되고 만다. 도보로 신의주까지 탈출하지만 밀고자에 의해 체포되고 만다. 일본 경찰은 김명시를 혹독하게 고문한 후 감옥에 가둔다. 1939년, 만기 출소한 그녀는 중국으로 탈출한다. 그녀가 향한 곳은 조선의용대 화북지대였다. 1938년 김원봉이 창설한 조선의용대는 일본의 중국 침략에 맞서기 위한 조선인으로 편성된 부대였다. 하지만 무장 투쟁 대신 중국군에 배속되어서 선전활동에 치중하자 불만을 품은 일부 부대원들이 태항산의 팔로군에 가담하면서 화북지대를 구성하게 된 것이다. 김명시는 화북지대에 가담하면서 여성부대 지휘관으로 활약한다. 조선의용대 화북지대는 일본군이 점령한 지역에 잠입해서 선전 활동을 하고, 때로는 총을 들고 맞서 싸우기도 했다. 전투가 격화되면서 조선의용군 화북지대로 재편되었고, 김명시는 말을 타고 총을 쏘면서 전투에 참가하면서 백마 탄 여장군이라는 별명을 얻었다. 1945년 8월 15일, 일본이 항복을 하면서 기나긴 전쟁은 끝이 났다. 하지만 상해의 임시정부 요인들이 개인 자격으로 귀국해야 했던 것처럼 만주에서 싸우던 이들 역시 북한을 점령한 소련군에 의해 무장이 해제되는 수모를 겪는다. 김명시는 오빠 김선형과 함께 서울로 돌아온다. 독립을 위해 오랫동안 투쟁하면서 직접 총을 들고 싸우기까지 했다는 그녀의 이야기는 사람들에게 큰 감동을 준다. 하지만 남북한이 분단되면서 김명시가 설 자리는 사라진다. 종적을 감췄던 김명시는 1949년 갑작스러운 죽음으로 세상에 마지막으로 모습을 드러낸다. 그해 10월, 부평경찰서 유치장에서 스스로 목을 매서 자살했다는 내용을 내무장관 명의로 발표한 것이다. 오랜 투쟁을 했던 그녀가 왜 자살을 택했는지, 정확한 자료가 공개되지 않아서 일각에서는 고문치사를 의심하기도 한다. 이렇게 광복 이후의 행적 때문에 그녀는 아직도 독립운동가로 인정받지 못하고 있다. 하지만 길이 다르다고 해도 하나밖에 없는 목숨을 걸고 조국을 위해 투쟁했다는 점은 인정받아야 마땅하다.

우리 학생들이 죽을 각오를 했다.

시작은 정신여학교였다. 1887년, 미국 북장로교 소속 선교
사이자 의사인 엘레스에 의해 세워진 이 학교는 이화학당처
럼 차별과 천대를 받던 조선의 여성들을 위한 교육기관이었
다. 정동의 제중원 사택에서 정동여학당이라는 이름으로 시
작되었다가 차츰 학생들이 많아지면서 정신여자중학교가 되
었다. 선교사들이 세우고 조선인들이 다녔던 대부분의 학교
들처럼 이곳도 일제강점기에 접어들면서 저항운동의 불꽃을
태운다. 3.1만세운동에 정신여학교 학생들과 교사들이 적극
적으로 참여한 것도 바로 그런 이유 때문이었다. 김마리아로
대표되는 정신여학교의 저항 교사들 중 한 명이 바로 김영순
이었다. 정신여학교 교사로 있던 그녀는 오현주의 권유로 대
한민국 애국부인회에 가입하면서 본격적인 독립운동가의 길
을 걷는다. 1919년 3월 1일에 일어난 만세 운동은 남성들뿐
만 아니라 여성들에게도 용기를 북돋워 줬다. 그러면서 비밀

단체를 결성해서 일본에 대한 본격적인 저항을 시작한다. 오현주가 주도하던 혈성단 애국부인회는 감옥에 갇힌 독립운동가들을 후원하는 역할을 했고, 대조선 독립애국부인회는 상해 임시정부와 연계해서 자금을 모으기 위해 만들어졌다. 그 밖에 평양을 중심으로 황애리가 결성한 애국부인회가 존재했다. 시간이 흐르면서 여러 단체들을 통합하자는 움직임이 있었고, 결국 1919년 6월 대한민국 애국부인회의 탄생으로 이어졌다. 애국부인회는 학교와 교회를 중심으로 조직을 확장시키는 한편, 회비와 물품 판매 등을 통해 모은 자금으로 임시정부를 후원하는 역할을 했다. 김영순은 정신여학교 교사로서 학생들에게 조선이 왜 독립해야 하고, 여성들이 왜 그 투쟁에 앞장서야 하는지를 역설했다. 3.1만세운동 당시 정신여학교 학생들이 앞장서서 만세를 부르며 거리를 누빈 이유는 바로 김영순을 비롯한 애국심에 넘치는 교사들이 있었기 때문이다. 대조선 독립애국부인회에서 대한민국 애국부인회로 바뀐 것도 눈여겨볼 만하다. 3.1만세운동의 가장 큰 의미를 지니고 있는 바로 그 지점이기 때문이다. 누군가를 위하거나 혹은 누구를 떠받들기 위한 것이 아니라 신분과 성별의 차이를 뛰어넘은 모두를 위한 운동이었다는 점이다. 김영순은 대한민국 애국부인회에 가담해서 독립운동 자금을 모으는 일에 앞장섰다. 약 6천 원의 자금을 모금해서 상해로 보내는데 힘을 보탠다. 1919년 11월, 배신자의 밀고로 인해 대한민국 애국부인회의 조직이 발각된다. 애국부인회 활동에 활발하게 참여하며 서기라는 직책을 맡고 있던 김영순은 징역 2년형을 선고받는다. 출옥 후에도 포기하지 않고 신간회의 자매단체인 근우회에 가입해서 집행위원에 선정되기도 하는 등 꾸준히 활동하다가 1986년 세상을 떠난다.

만세를 부르다 총살된 아버지를 대신해서 만세를 불렀다.

1919년 3월 1일, 경성과 평양에서 시작된 만세 시위는 전국으로 퍼져 나갔다. 특히 기독교가 많이 전파된 북쪽 지역에서 비교적 일찍 시위가 벌어졌으며, 규모도 어마어마했다. 안타깝게도 이런 대규모 시위는 일본 경찰과 헌병의 무자비한 탄압을 불러오면서 수많은 사상자를 내게 된다. 1904년 함경북도 명천군에서 태어난 동풍신 역시 안타깝게도 그중 한 명이다. 명천군에서는 1919년 3월 14일, 헌병대 분견대가 있는 화대동에서 대규모 만세 시위가 벌어졌다. 수천 명이 참여한 시위대를 본 헌병대는 무차별 사격을 가해서 5명의 사망자가 발생하고 말았다. 이에 격분한 조선의 민중들은 다음 날인 3월 15일, 화대동 장터에 모여서 재차 만세 시위를 벌인다. 여기에는 동풍신의 아버지 동민수도 참여한다. 오랫동안 병을 앓고 있던 동민수는 시위에 나선 주민들이 목숨을 잃었다는 소식을 듣고는 병상을 박차고 일어난다. 그리고 시위대에 앞장서서 목청껏 만세를 부른다. 하지만 전날 시위를 겪은 분견대를 응원하기 위해 온 길주 헌병대 소속 기마 헌병들의 사격으로 목숨을 잃고 만다. 이날에도 동민수를 비롯해서 5명의 사망자가 발생한다. 아버지의 비극적인 죽음을 전해들은 동풍신은 현장으로 달려간다. 그리고 피투성이가 된 아버지의 시신을 끌어안고 울다가 벌떡 일어나 조선독립 만세를 외친다. 그녀의 외침은 일본 기마헌병들의 발포를 피해 여기저기에 숨어 있던 시위대에게 용기를 불어넣어 준다. 결국 총탄을 무릅쓰고 뛰쳐나온 시위대에게 기마 헌병들은 속수무책으로 밀려나고 만다. 헌병들이 무차별로 살상을 저지른 것에 분개한 시위대는 면사무소와 면장의 집을 불태운다. 동풍신은 이날 시위의 주동자로 낙인찍히면서 일본 헌병에 의해 체포당한다. 함흥형무소에 수감된 그녀는 재판장에서 시위에 나선 이유를 묻는 검사에게 당당하게 대답한다.

"만세를 부르다 총살된 아버지를 대신해서 만세를 불렀다."

시위를 주도했다는 이유로 2년 6개월형을 선고 받은 그녀는 곧바로 항소했고, 재판을 위해 경성의 서대문 형무소로 이감된다. 그곳에서 혹독한 고문을 받으며 회유를 당했지만 끝끝내 굴복하지 않았다. 그러던 중, 고향에서 온 다른 여성 수감자에게 충격적인 얘기를 듣는다.

"뭐라고요? 어머니가 돌아가셨다고요?"

"그래, 남편을 잃고 너까지 감옥에 갇혀 있는데 무슨 낙이 있겠어."

아버지에 이어 어머니까지 잃게 되었다는 사실에 동풍신은 더 이상 살아갈 희망을 잃어버린다. 결국 식음을 전폐한 그녀는 1921년, 17살의 나이로 세상을 떠나고 만다. 잔혹하게도 동풍신의 어머니는 세상을 떠나지 않았다. 일본 경찰이 그녀를 회유하기 위해 여성 수감자에게 거짓말을 시켰던 것이다. 그렇게 그녀는 세상을 떠났지만 일본 경찰의 총부리에 맞서 만세를 불렀던 용기는 많은 사람들에게 감동을 주었다. 그래서 남에는 유관순, 북에는 동풍신이라고 칭송하면서 그의 용기를 기렸다.

나는 늘 조선 부녀들의 일을 나의 일로 생각하고, 어떻게 하여야 우리 조선 부녀 동포들이 전민족의 해방을 위하여 공헌할 수 있을 것인가를 늘 생각하고 있다.

지난 2016년 제71주기 광복절에 대한민국 정부는 두쥔훼이라는 낯선 이름의 외국인에게 건국훈장 애국장을 수여했다. 그녀는 비록 조선 사람은 아니었지만 조선의 독립에 누구보다 헌신적으로 활동한 인물이다. 두쥔훼이가 조선의 독립운동에 뛰어든 것은 운암 김성숙과의 운명적인 만남 때문이었다. 평안북도 철산에서 태어난 김성숙은 승려로 출가했다가 1919년 독립을 촉구하는 격문을 배포한 혐의로 체포되었다. 감옥살이를 하고 풀려난 그는 속세로 나와 노동운동에 참여하면서 독립운동가의 길을 본격적으로 걷게 된다. 이후 중국으로 유학을 간 김성숙은 3.1만세운동이 일어나자 김원봉이 세운 의열단에 가입한다. 선전부장으로 활동하던 김성숙은 중국 각지를 돌면서 조선 청년들에게 저항심과 애국심을 불어넣는 활동을 한다. 두준훼이 역시 성별과 국적만 다를 뿐 비슷한 길을 걷는다. 비록 식민지가 되지는 않았지만 당시 중국은 군벌들의 수탈과 외세의 침략에 시달리고 있었고, 특히 일본은 앞장서서 중국을 집어삼키려고 했다. 그런 상황 속에서 광주의 중산 대학에 입학한 그녀는 차가운 현실과 마주친다. 바로 공산당의 광주 봉기와 그것을 처참하게 진압한 국민당의 모습을 본 것이다. 그 와중에 여성의 길이 어디에 있는지 고민하던 두췬훼이는 일본으로 유학을 떠나지만 일본인들의 차별과 냉대에 큰 상처를 입고 돌아온다. 그 후, 혁명관련 서적들을 번역하는 일에 매진하던 두췬훼이는 김성숙과 만나게 되고, 혼인을 하게 된다. 김성숙과 결혼한 후에 남편을 도와 조선의 독립을 위해 헌신한다. 중일전쟁 발발 후 충칭으로 피난을 떠난 대한민국 임시정부에도 적극적으로 합류해서 외무부와 대한구제총회에서 활동한다. 1945년 7월, 미주 동포들이 발행하는 〈독립〉이라는 잡지에 조선 부녀들의 일을 나의 일로 생각한다며, 국적을 떠나 여성들의 연대와 함께 억압받는 민족끼리 손을 잡아야 한다는 것을 역설한다. 남편과 함께 임시정부에서 활동하던 그녀에게 1945년 8월 15일, 일본의 항복은 큰 기쁨이었을 것이다. 하지만 광복 후의 어지러운 정세 때문에 김성숙은 아내인 두췬훼이를 중국에 남겨 놓고 홀로 돌아가야만 했다. 눈물로 헤어진 두 사람은 결국 다시 만나지 못한다. 대한민국으로 돌아온 김성숙은 1969년 세상을 떠났고, 두쥔훼이 역시 1981년 눈을 감았다.

24

백선행

너희들은 우리 조선의 아들이요 딸이다. 졸리다고 자지 말고, 놀고 싶다고 나가서 놀지 말고, 공부하기 싫다고 책 덮어 두지 말고, 언제든지 부지런히 책과 씨름하여라. 위 학교에 올라가서 어려운 공부를 더 잘해야 조선이 잘된다.

이 얘기는 일제강점기 평양의 어느 학교 졸업식 때 연단에 오른 백선행이라는 할머니가 한 얘기다. 수원에서 태어나 평양에서 자란 그녀는 어린 시절에는 이름조차 없었다. 설상가상으로 16세의 나이로 남편을 잃고 말았다. 그렇게 홀로 남겨진 그녀는 어머니와 간장 장사, 베 짜기, 콩나물 장사, 길쌈, 삯바느질 등 밤낮으로 일을 하며 근검절약으로 돈을 모았다. 그렇게 번 돈으로 땅을 사서 소작농에게 대여해서 받은 소작료로 다른 땅을 사는 것으로 재산을 크게 불렸다. 예나 지금이나 돈을 불리기 위해서 사람들의 피눈물을 쥐어짜는 일을 해야 하는데 그녀는 양심적으로 소작료를 받고 남에게 나쁜 짓을 하지 않았다. 그렇게 어느 정도 여유를 찾은 그녀는 남의 산에 있던 시어머니와 남편의 묘를 이장할 생각으로 만달산을 구입했는데 온통 돌투성이로 쓸모가 없는 산이었다. 그곳에 겨우 묘를 이장하고 나서 그녀는 자신을 속인 사기꾼들을 탓하지 않았다.

"내가 손해 보길 다행이지, 만일 다른 사람이 이런 땅을 샀다면 마음이 상해서 어쩔 뻔했누. 그저 나 하나 마음 상했으니 그것으로 됐구면."

그렇게 마음을 달랬지만 동네에는 2백 냥 거금으로 돌산을 사고 망했다는 소문이 돌았다. 그러나 산의 돌은 모두 석회석으로 시멘트 공장을 하려는 일본인 광산업자에게 2만 냥이라는 거금을 받고 팔았다. 양심적으로 살아갔던 그녀의 삶이 보상 받는 순간이었다. 사회사업가로서 첫 시작은 1908년 대동군에 '백선교'라는 돌다리를 지은 것이다. 이후 1919년 3·1운동을 목격한 그녀는 자신의 재산으로 자산사업과 교육사업에 바치기로 한다. 평양 일대의 학교를 지원하고 시민들을 위한 대공회당을 신축했다. 평양의 학교들 중에 백선행의 도움을 받지 않은 곳이 없다고 할 정도로 많은 자금을 지원했는데 그러면서도 학교의 경영권은 전혀 손대지 않았다. 순수하게 후원을 해 준 것이다. 과성소학교와 숭현여학교에 땅을 기증하고, 창덕소학교를 기백 창덕보통학교로 발전시켰다. 근우회 평양지회 같은 사회단체도 지원하면서 민족정기를 유지하는데 큰 주춧돌이 되었다. 평양의 대표적인 민족 지도자인 조만식 선생의 요청으로 도서관 겸용의 공회당을 만들기 위해서도 엄청나게 많은 돈을 기부했다. 한 발 더 나아가 백선행 기념관 재단법인을 설립하고 재단 이사장직을 맡았다. 사방에서 쏟아지는 찬사와 박수갈채에도 그녀는 꿋꿋이 자기 할 일을 했다. 축하한다는 인사를 받은 그녀의 시니컬한 대답은 왜 백선행인지를 알려준다.

"내가 쓰다 남은 돈이 있어서 돌집 (백선행 여사의 기념관)을 하나 짓고 몇 학교에 돈을 좀 내었기로 그다지 훌륭해서 찬하회를 열다니, 세상 사람들은 참 부질없기도 하오."

남는 돈으로 한 것이라고 얘기했지만 일제강점기 시절 조선의 학교와 사회단체를 후원해 주는 것은 조선총독부의 심기를 거스르는 짓이었다. 당시 많은 부자들과 기업가들이 조선총독부와 교류하기 위해 많은 돈을 쓰고, 중일전쟁과 태평양전쟁 시기에는 무기와 비행기를 헌납하는 일을 했던 것과 많은 비교가 된다. 조선의 가난한 농부의 딸로 태어나 14세까지 이름도 없이 아가라고 불리고, 결혼 후 새댁이라고 잠깐 불린 이후 평양 백 과부라고 불리던 그녀는 환갑이 넘은 후 활발한 사회사업으로 백선행이라고 불리게 되었다. 1933년 5월, 그녀가 사망하자 조선 여성 최초로 사회장으로 장례가 치러졌다. 사회 각 지도층과 기증을 받은 학교 관계자들 1만 명이 참석한 장의 행렬은 평양시민의 3분의 2인 10만 명이 거리로 나와 2km나 되는 긴 행렬을 이뤘다. 부자가 천국에 가는 것은 낙타가 바늘구멍을 통과하는 것보다 힘들다는 속담이 있다. 하지만 그녀는 분명히 독립운동가들과 함께 천국에 갔을 것이다.

25

부춘화

우리들의 요구에 칼로 대응하면 우리는 죽음으로 대응한다.

제주도는 바람과 돌, 여성이 많다고 해서 삼다도라고도 불린다. 여성이 많았던 이유는 섬이기 때문에 배를 타고 고기잡이를 나간 남편이 풍랑 때문에 목숨을 잃는 경우가 많았기 때문이다. 홀로 남겨진 여성은 남은 가족들을 먹여 살리기 위해물속에 들어가서 해산물을 채취하는 해녀가 되어야만 했다. 잠녀라고도 불린 해녀들은 거친 바닷속에서 목숨을 걸고 해산물을 채취해야만 했다. 1908년 제주도 하도읍 구좌리에서태어난 부춘화 역시 당대 제주 여성들과 똑같은 길을 걸어야만 했다. 한 가지 다른 점은 보통학교에 부설된 야간강습소를졸업했다는 점이다. 낮에는 물질을 하고 밤에는 학교를 다니면서 그녀는 왜 해녀들이 어렵게 살아가고, 제주도 사람들이, 나아가 조선의 백성들이 핍박받았는지를 이해했다.

1928년, 그녀는 20대 초반이라는 젊은 나이에 제주도 해녀 조합의 산하조직인 구좌면 해녀 회장에 임명됐다. 해녀 조합은 원래 해녀들의 권익을 지키기 위해서 만들어졌지만 이 시기에는 일제에 빌붙은 어용조합으로 변질된 상태였다. 그래서 해녀들이 채취한 해산물을 부당하게 착취하면서 큰 손해를 입히는 중이었다. 1930년대 접어들면서 해녀들에 대한 일본의 수탈은 더 가혹해졌다. 제주도 외의 지역에서 물질을 하게 되면 입어료를 요구하거나 강제로 조합에 가입시키고는 비싼 조합비를 받았다. 거기다 한술 더 떠서 조합에서 지정한 상인에게 시가보다 더 낮은 가격으로 해산물을 넘기라는 지정 판매제를 강요하기까지 했다. 해녀 조합이 이런 무리한 요구를 할 수 있었던 것은 일본 관료들이 지원해 줬기 때문이다. 이들은 제주도의 해산물을 싼 가격으로 일본으로 넘기기 위해서 해녀 조합 수뇌부의 무리수를 눈감아 줬다. 1920년대 중반부터는 아예 제주도사가 해녀 조합장을 겸임하면서 수탈은 더욱 심해졌다. 더 이상 참지 못한 해녀들은 행동에 나서기로 한다. 1932년 1월 7일, 부춘화를 필두로 한 해녀들은 강관순이 지은 해녀가를 부르면서 시위에 나선다. 수백 명의 해녀들이 하도리를 출발해서 세화리로 향했는데 마침 장날이라서 시장에 모인 제주 주민들까지 시위 행렬에 가세한다. 이들은 수탈에 앞장선 구좌면장에게 문제를 해결하라고 요구했고, 해결해 주겠다는 약속을 받고 일단 해산한다. 하지만 해녀 조합에서 전혀 개선의 움직임이 보이지 않자 재차 행동에 나서게 된다. 1월 12일, 신임 제주도사 다구치가 순시 차 세화리를 지나간다는 정보를 입수한 그녀는 동료들에게 연락한다.

　연락을 받고 모인 천여 명의 해녀들은 손에 전복을 따는 갈고리인 빗창을 들고 시위에 나선다. 그러다가 세화리 시장 근처를 지나는 신임 제주 도사 일행의 행렬을 가로막는다. 해녀들에 대한 해녀 조합의 수탈을 금지하고, 권익을 지켜 달라는 요구를 하면서 시위를 벌이는데 이때 강관순이 지은 해녀의 노래를 합창한다. 놀란 다구치 제주도사는 도망치려고 하자 빈틈없이 포위당하자 할 수 없이 협상에 나선다. 결국 부춘화가 내건 조건인 지정 판매제의 해제와 일본 상인의 배척과 해녀 조합의 재정을 공개하라는 요구 등을 모두 승낙하게 된다. 총칼로서 자신을 핍박하면 죽음으로서 대응하겠다는 해녀들의 굳은 의지에 굴복한 것이다. 하지만 실제로는 지킬 생각은 전혀 없었고, 위기를 넘기기 위한 속임수에 불과했다. 육지에서 경찰병력을 불러들인 제주도사는 해녀 항쟁의 배후라고 지목한 야학 교사들을 체포한다. 이에 분노한 부춘화는 해녀들 수백 명을 이끌고, 이들이 구금된 세화지서에 몰려가서 체포된 사람들의 석방을 요구하면서 시위를 벌인다. 양측에서 부상자가 속출한 가운데 부춘화를 비롯한 주동자들이 체포된다. 하지만 이후에도 해녀들의 항쟁은 계속된다. 1월 26일, 일본 경찰들이 우도로 몰려가서 항쟁에 참여한 해녀들을 체포해서 끌고 가려고 했다. 소식을 들은 해녀 8백 명이 몰려와서 배를 흔들어 대면서 막아선다. 결국 일본 경찰이 공포탄까지 쏘면서 저지해야만 했고, 다음 날인 27일에도 종달리의 해녀 백여 명이 세화리 주재소에 몰려가서 구금된 동료 해녀들의 석방을 요구하면서 시위를 벌였다. 일본 경찰의 강압적인 진압에 의해 해녀들의 항쟁은 막을 내리게 된다. 하지만 일본의 수탈에 맞서 여성, 그것도 천대받던 해녀들이 조직적으로 항쟁에 나섰다는 사실은 높이 평가 받아야만 한다.

주동자로 몰려서 체포된 부춘화는 배후를 자백하라는 요구와 함께 혹독한 고문을 받고 6개월간 옥살이를 한다. 감옥에서 풀려난 이후에도 일본 경찰의 지속적인 감시가 이어지자 결국 1933년 일본 오사카로 건너가서 지낸다. 1945년 광복 후에는 제주도로 돌아와서 세화리 부녀회장등을 역임하면서 제주 여성들의 권익을 지키기 위한 활동을 이어 갔다.

26

신의경

어머니! 지금 우리는 세계열강에 독립을 호소하고 나라를 찾을 때입니다. 국민 모두 죽음을 두려워하지 말고 나서야 합니다.

1898년 태어난 신의경은 정신여학교와 이화여전을 거쳐 일본 유학을 다녀와 모교인 정신여학교로 돌아와 교사로서 일한다. 1919년 3.1만세운동이 일어나자 대한민국 애국부인회에 가입하여 서기와 경기도 지부장으로 활동한다. 혈성단 애국인회와 대조선 독립애국부인회가 통합해서 만들어진 대한애국부인회는 군자금 6천 원을 모아 대한민국임시정부에 보내는 등 활발하게 활동한다. 하지만 일본 경찰에게 이러한 활동이 발각되어 1919년 11월 28일에 체포되었다. 일본 경찰들이 정신여학교에 들이닥쳐 신의경을 비롯하여 대한애국부인회 회장 김마리아, 부회장 이혜경, 총무부장 황에스터, 서기 김영순, 재무부장 장선희, 적십자부장 이정숙, 결사대장 백신영 등을 잡아갔다. 정신여학교의 교감이던 어머니 신마리아는 딸과 제자들이 쇠고랑을 차고 끌려가는 모습을 보고 큰 충격을 받았다. 하지만 감옥에 갇힌 신의경은 오히려 어머니 신마리아에게 우리 모두 죽음을 두려워하지 말고 나아가야 한다면서 씩씩하게 말한다. 재판을 받은 그녀는 징역 1년을 받았는데 출소하고 나서야 충격을 받은 어머니 신마리아가 3개월 전에 사망했다는 것을 알게 되었다. 후에 어머니에 대해서 이렇게 말했다.

"우리 어머니가 부유한 재산을 남겼더라면 다 방종했을 것이다. 일찍 어머니를 잃은 우리들은 갖가지 시련을 감내 해야 했다. 어머니가 남기신 것은 자립심과 백절불굴의 정신이었다."

그녀는 1922년, YWCA 발족 후 헌장제정위원과 서기, 부회장 등을 거쳐서 1927년부터 1934년까지는 연합위원으로 활동하였다. 그러나 한일 기독교 통합운동의 일환으로 수녀부에게 각종 협력을 강요하자 1939년부터 모든 공직을 사임하고 은거생활에 들어갔다. 포기하는 것으로 저항을 이어 간 것이다.

아녀자라고 어찌 나라 잃은 설움이 없으리까? 조국이 있으매 내가 있으리니 대한의 여성들이여, 주저 말고 분기하라! 분기하라!

1919년 3월 1일, 전국에서 만세 시위가 가장 먼저 일어난 곳은 경성이 아니라 평양이었다. 경성의 탑골공원에서 민족 대표 33인을 기다리다가 결국 독립선언서를 낭독하던 오후 1시에 평양에서는 종교계 인사들이 주도한 시위가 숭덕학교 운동장과 남산현교회, 그리고 설암리 교구당에서 독립선언서를 낭독하게 동시다발적으로 시위를 벌였다. 그 시위 행렬 속에는 평안남도 출신의 독실한 기독교 신자였던 안경신도 포함되어 있었다. 누구보다 열렬하게 만세를 외쳤던 그녀는 일본 경찰에 체포되어 한 달간 옥살이를 하고 풀려난다. 하지만 체포와 투옥은 그녀의 의지를 꺾지 못했다. 그녀는 감옥 안에서 아녀자라고 어찌 나라 잃은 설움을 모를 수 있냐면서 주저하지 말고 분기하라고 외친다. 감옥에서 나온 그녀는 대한애국부인회에 가담한다. 3.1만세운동 이후, 상해에서 임시정부가 수립되었고, 국내에서는 비밀 독립운동 단체들이 생겨났다. 여성들이 주도한 단체들도 생겨났는데 평양을 기반으로 한 대한애국부인회와 경성을 기반으로 한 대한민국 애국부인회가 대표적이었다. 이들은 자금을 모집해서 상해 임시정부에 전달하는 임무를 맡았는데 안경신은 자금을 전달하는 교통부원으로 활약했다. 하지만 대한애국부인회의 정체가 탄로나면서 조직은 붕괴된다. 동료들이 체포되는 와중에 안경신은 상해로 탈출하는 데 성공한다. 상해의 임시정부가 세운 군사조직인 대한광복군 총영을 찾아간다. 이때 그녀는 자신의 뜻을 이렇게 말한다.

"나는 3.1운동 때도 참여했지만 그때는 큰 효과를 내지 못했다. 그것은 우리 국민의 단결과 힘이 미치지 못했기 때문이다. 나는 일제침략자를 놀라게 해서 그들을 섬나라로 철수시킬 수 있는 방법이 무엇인가를 곰곰이 생각해 보았다. 그것은 곧 무력적인 응징, 투탄(投彈), 자살(刺殺), 사살(射殺) 같은 일회적 효과가 크게 주요할 것으로 믿고 있다."

무력 투쟁만이 조국을 해방시킬 것이라고 굳게 믿은 그녀에게 기회가 찾아온다. 1920년 7월, 미국의 상하원 의원단 100여 명이 아시아를 방문 중이었는데 시찰차 중국에서 일본으로 가는 길에 조선을 방문한다. 대한광복군 총영은 한국 독립의 당위성과 의지를 세계에 보여 주기 위해 폭탄 거사를 계획했다. 총영 소속 10여 명의 청년 결사대가 서울과 평양, 신의주의 경찰서 등을 폭파하기로 한 것이다. 안경신은 장덕진, 박태열, 문일민, 우덕선과 함께 제2결사대에 소속되었다. 이들은 1920년, 8월 3일 밤, 평남도청과 평양 경찰서, 평남 부청에 폭탄을 던졌다. 문일민과 우덕선이 투척에 성공하여 평남도청 신축건물 담장이 무너지고 유리가 깨지며 일본 경찰 2명이 사망했다. 안경신도 폭탄을 평남경찰부에 투척했는데, 안타깝게도 빗물 때문에 도화선에 불이 붙지 않아 불발되었다. 다시 폭탄을 한 개 받고 기회를 노렸지만 실행을 못하고 함경남도로 피했다가 1921년 3월 20일에 체포되고 만다. 당시 임신 중이었던 그녀는 며칠 후에 아들을 낳고 법정에 서게 된다.

안경신은 1심에서 사형선고를 받았으나 2심에서 징역10년을 선고받았다. 7년 만에 가석방이 되어 출소했지만 비극적인 가족사가 전해진다. 그녀가 구금되고 어머니는 석 달이 못 되어 눈을 감은 것이다. 거기다 어린 아들은 영양부족으로 시각장애인이 된 상태였다. 더 충격적인 것은 결사대의 동지였던 장덕진의 사망 소식을 들었던 것이다. 무사히 상해로 탈출했지만 군자금을 모금하던 중 중국인의 총에 맞아서 숨진 것이다. 그녀는 동아일보 기자에게 장덕진의 소식을 듣고 안타까움을 토로했다. 자신과 가족보다 독립운동을 더 중요하게 생각한 안경신의 모습은 우리에게 많은 생각을 하게 만든다. 감옥에서 풀려났지만 그녀는 세상에서 잊혀져 버렸다. 대한민국 정부는 안경신의 애국심을 높이 사서 1962년에 건국훈장 국민장을 수여했지만 후손을 찾지 못해서 국가 보훈처가 보관하고 있던 중 뒤늦게 친척이 나타났다. 국가 보훈처에는 이렇게 후손을 찾지 못해서 보관 중인 훈장이 수천 개에 달한다고 전해진다.

**사람이 세상에 나서 나라가 없고 보면 짐승만도 못합니다. 개
도 죽으면 임자가 와서 개값을 받으러 오는데, 나라 없는 백성은
이 사람 저 사람이 때려 죽여도 '왜 죽였냐?'는 말 한마디 없습
니다.**

위의 얘기는 여성 독립운동가 어윤희가 1961년 중앙여학
교에서 열린 3.1만세운동 기념 강연에서 한 것이다. 그녀는
이 얘기를 했던 1961년 11월에 세상을 떠난다. 어윤희의 삶
을 살펴보면 꼭 고통과 비극으로 점철된 우리의 근현대사를
보는 느낌이다. 하지만 어윤희는 보통 사람이라면 좌절하고
포기했을 순간들을 이겨 나가면서 독립운동의 길을 걷는다.
1880년, 충북 충주에서 태어난 그녀는 10대 중반의 나이로 결
혼을 했다. 하지만 동학에 가입한 남편이 동학 농민혁명에 뛰
어들었다가 목숨을 잃으면서 어린 나이에 과부가 되고 만다.
본가로 돌아온 그녀는 곧 집을 나와 전국을 정처 없이 떠돈다.
부모님도 모두 세상을 떠나면서 본가에 있는 것도 힘이 들었

기 때문이다. 이리저리 떠돌던 그녀가 자리 잡은 곳은 개성이었다. 그곳에서 기독교에 입문하게 된다. 전도사가 된 그녀는 곳곳을 누비면서 복음을 전파하는 역할을 맡는다. 그리고 뒤늦게 학업에 눈을 뜬다. 1909년 개성의 미리흠여학교에 입학했다가 1912년에 졸업한 후, 다시 호수돈여학교에 입학해서 1915년, 35살이라는 대단히 늦은 나이에 졸업했다. 그녀의 운명이 바뀐 것은 1919년에 벌어진 3.1만세운동이었다. 2월 말에 개성에 독립선언서 100장이 은밀히 도착한다. 문제는 이걸 누가 배포하느냐였다. 당연히 배포자는 일본 경찰에게 잡혀갈 것이 뻔했기 때문에 다들 나서기를 꺼렸다. 그때 팔을 걷어붙인 것이 바로 어윤희였다. 그녀는 예배당의 유치원 교사였던 권애라 등과 함께 개성 주민들에게 독립선언서를 배포하면서 목청껏 독립을 외친다. 어윤희는 일본 경찰에게 붙잡혀 가지만 그녀의 외침은 개성의 만세 시위의 불길을 당기는 역할을 했다. 이틀 후인 3월 3일 그녀가 졸업한 호수돈여학교 학생들을 중심으로 개성에서는 대대적인 만세 시위가 벌어진다.

개성의 만세 운동을 촉발시킨 그녀는 일본 경찰에게 체포되어서 1년 6개월의 징역형을 선고받고 서대문 형문소 8호 감방에 수감되었다. 유관순이 만세 소동을 벌일 때마다 감방장으로 곤혹을 치른 그녀는 원망하기는커녕 자기 몫의 밥을 주면서 용기를 북돋워 줬다. 1920년, 만세운동 1주년이 다가오자 그녀와 8호 감방의 죄수들은 옥중에서 만세를 부르기로 계획한다. 1920년 3월 1일, 8호방에서 벽을 두드리자 3,000명이 넘는 수감자들이 '대한독립 만세'를 외쳤다. 만세를 부른 수감자들이 끌려 나가 고문을 당하고, 고문 후유증으로 유관순이 생을 마쳤다. 8호 감방에 있던 동료들은 대부분 어윤희보다 먼저 서대문 형무소를 나간다. 그녀는 1920년 4월 28일 사면령으로 출감한다. 감옥에서 나온 그녀는 개성으로 돌아가서 감리회 여선교회 부회장, 신간회의 자매단체이자 여성항일운동단체인 근우회 개성지회 등에 참여해서 활동했다. 아울러, 일경의 감시를 따돌리며 상해 임시정부에서 파견된 독립군을 숨겨 주고 자금과 육혈포 등을 구해다 주었다. 그리고 만세 운동에 참여해서 기숙사에서 쫓겨난 학생들을 집으로 데려오기도 했다. 1931년 신간회 해체 후에는 개성과 서울에 유린보육원을 세우고 고아들을 돌보며 살았다. 광복 후, 한국 전쟁이 터지자 월남해서 보육원을 운영했다. 1953년 나이팅게일기장, 1959년 인권옹호공로표창을 수여했고, 1995년 건국훈장 애족장이 추서되었다.

29

연미당

한국은 마땅히 독립국이 되어야 하고 한민족은 마땅히 자유민이 되어야 한다.

연미당은 1908년 북간도 용정에서 태어났다. 그녀의 아버지 연병환은 대한제국 시절의 관리로서 을사늑약 이후 관직을 버리고 간도로 건너가서 중국 세관의 관리로 일하게 된다. 중국 관리로 일하면서 간도 지역의 독립군들을 후원했던 연병환은 일본 경찰에게 체포당하게 되자 멀리 상해의 세관으로 자리를 옮긴다. 당시 상해는 임시정부가 세워지고, 독립운동가들이 속속 집결하는 상황이었기 때문에 일본 정부가 강력하게 항의하게 된다. 결국 연병환은 상해가 아니라 복건성의 세관으로 발령이 난다. 연미당은 아버지를 따라 상해로 이주해서 임시정부가 운영하는 학교인 인성학교를 졸업한다. 독립운동을 후원했던 아버지의 영향과 인성학교에서 받은 교육은 그녀를 자연스럽게 독립운동가의 길을 걷게 만든다. 결정적인 계기는 1927년 3월, 독립운동가 엄항섭과의 결혼이었

다. 아버지 연병환과 친분이 있던 엄항섭과 결혼하게 되면서
그녀는 자연스럽게 독립운동가의 아내이자 여성 독립운동가
가 된 것이다. 독립운동을 하는 남편 엄항섭을 돕는 한편, 자
신 또한 독립운동가로서 임시정부를 지원하고 맡은 역할과
의무를 수행했다. 한인여자청년동맹 임시위원과 한국애족부
인회 조직부장 등 임시정부를 후원하는 단체에 참여해서 활
발하게 활동했다. 1938년부터 본명인 연충효 대신 아명인 '연
미당'을 사용했다. 독립운동가들이 일본 경찰의 감시를 피하
기 위해 가명을 쓰는 것은 매우 흔했으며, 심지어 여러 개의
가명을 가지고 있는 경우도 많았다.

1932년 4월, 상해 홍구 공원에서 윤봉길 의사가 일본 육군
대장 시라카와 요시노리 등을 노린 폭탄투척 의거가 일어난
다. 그 일로 인해 임시정부 요인들은 모두 일본 경찰의 목표가
되었다. 연미당은 가족과 함께 상해를 탈출해서 임시정부와
함께 이동한다. 1937년, 중일전쟁이 발발하자 임시정부는 일
본군을 피해 계속 내륙으로 이동한다. 연미당은 김구, 이동녕,
이시영 등 임시정부 요인들과 함께 이동한다. 그러다가 남목
청에서 김구가 저격을 받아서 중상을 입자 정성껏 간호해 준
다. 임시정부가 광복군을 창설하자 일본군에 강제 징용된 조
선인 청년들에게 귀순을 권유하는 선전 활동을 벌이는 한편,

김규식의 아내 김순애와 함께 한국애국부인회의 재건에 앞장 선다. 1943년 5월 10일에 자유 한국인 대회가 개최된다. 연미 당은 한국애국부인회 회장의 자격으로 한국은 마땅히 독립국 이 되어야 하고, 한민족은 마땅히 자유민이 되어야 한다는 내 용의 연설을 해서 분위기를 고취시킨다. 1944년에는 한국독 립당에 입당해서 더욱 가열차게 조국의 독립을 위해 힘을 쓴 다. 1945년 8월 15일, 일본이 항복을 하면서 그녀는 꿈에 그 리던 조국 광복의 기쁨을 맛본다. 1946년, 대한민국으로 귀국 한 연미당은 남편과 함께 오순도순 지낼 꿈에 부푼다. 하지만 1950년 한국전쟁이 터지면서 남편 엄항섭이 납북당하는 비 극을 겪는다. 홀로 남게 된 그녀는 자식들을 키우는 삶의 마지 막 투쟁을 벌인다. 1981년, 연미당이 세상을 떠나면서 그녀의 마지막 투쟁도 막을 내리게 된다.

비바람 세차고 눈보라 쌓여도
님 향한 굳은 마음은 변할 길 없어라
님 향한 굳은 마음은 변할 길 없어라

어두운 밤길에 준령을 넘으며
님 찾아 가는 이 길은 멀기만 하여라
님 찾아 가는 이 길은 멀기만 하여라

험난한 세파에 괴로움 많아도
님 맞을 그날 위하여 끝까지 가리라
님 맞을 그날 위하여 끝까지 가리라

'님 찾아가는 길'이라는 제목의 이 시는 오광심이 상해의
임시정부를 찾아가는 길에 지었다. 여기서 말하는 '님'은 임시
정부와 조국광복을 의미한다.

오광심은 일본이 조선을 식민지로 삼은 1910년 평안북도 선천에서 태어났다. 조선을 집어삼킨 일본은 가혹한 수탈을 자행했고, 결국 오광심의 아버지는 견디지 못하고 가족들을 이끌고 간도로 떠났다. 오광심은 그곳에서 독립운동 단체인 정의부가 세운 학교인 화흥중학교의 사범부에 들어가서 본격적인 교육을 받는다. 화흥중학교를 졸업한 그녀는 배달학교에서 교편을 잡는 것으로 교육자의 길을 걷는다. 배달학교 역시 화흥중학교를 세운 정의부처럼 독립운동 단체인 한족회에서 설립한 것이다. 이 무렵, 그녀는 조선혁명당에 가입하면서 본격적으로 독립운동가의 길을 걷게 된다. 1931년 만주사변이 일어나자 교사를 그만두고 조선혁명군 사령부 군수처에서 복무했다. 조선혁명군 유격대와 한중연합 항일전에 참여했는데 주로 지하 연락책으로 활동했다. 이 시기에 교사출신이자 조선혁명군의 참모인 김학규를 만나 결혼을 하게 된다. 오광심은 남편과 함께 최선을 다하지만 일본군의 대대적인 물량 공세에 간도와 만주 지역의 독립군은 차츰 열세에 몰리게 된다. 1934년, 남편 김학규가 조선혁명군 대표로 임시정부에 지원을 요청하기 위해 남경으로 갈 때 동행했다. 이때 그 험난한 과정을 '님 찾아가는 길'로 표현했다. 남경에 무사히 도착한 오광심은 남경에서 진행되는 통합 운동에 대한 보고서를 암기해서 만주로 돌아가서 보고한다. 이후, 다시 남경으로 돌아온 그녀는 조선혁명당이 참여한 통합단체인 민족혁명당의 부녀부 차장으로 활동한다. 아울러 대한애국부인회 간부, 한국광복진선 청년공작대, 한국광복군, 임시정부 군무부, 광복군에서 활동했다. 중일전쟁이 발발하고 일본이 중국을 침략하자 전선으로 나가서 일본군을 상대로 선전활동을 펼쳤다. 특히 일본군에 강제로 징집된 조선 청년들에게 탈출해서 광복군에 가담할 것을 역설했다. 당시 발행되었던 광복군 기관지인 〈광복〉의 창간호에 기고한 글을 보면 오광심이 어떤 심정으로 독립운동에 참여했는지를 알 수 있다.

광복군은 남자의 전유물이 아니오. 우리 여성의 광복군도 되오며 우리 여성들이 참가하지 아니하면 마치 사람으로 말하면 절름발이가 되고 수레로 말하면 외바퀴 수레가 되어 필경은 전진하지 못하고 쓰러지게 됩니다.

광복군의 절반, 그리고 세상의 절반이 여성이기 때문에 여성이 해방되지 않으면 조국도, 그리고 세상도 해방되지 않을 것이라고 역설한 것이다. 남성에 비해 상대적으로 소극적일 수밖에 없는 여성들에게 투쟁을 통해 존재감을 드러내고, 나아가 여성해방에 앞장서라고 목소리를 높인 것이다. 중일전쟁이 치열하게 진행되던 1942년에는 광복군 제3지대에 소속

되어서 더 맹렬하게 활동했다. 안휘성과 강소성 일대에서 활동한 제3지대는 일본군에 징병된 조선인 청년들을 탈출시켜서 광복군에 합류시키는 공작을 성공적으로 진행했으며, 오광심은 큰 역할을 했다. 광복 이후에도 중국에 머물면서 동포들의 귀국을 도와주는 역할을 했다. 1946년에는 남편과 함께 만주로 가서 애국부인회를 조직하고 위원장으로 활동했다. 국공내전이 심해진 1948년 조국으로 돌아왔으며, 1977년 건국훈장 독립장을 수여받았다.

오항선

일제에 억압받던 과거의 역사를 후손들이 되풀이하지 않도록 청년들이 정신을 차려야 한다. 중국과 일본 사이에서 완전한 자주독립을 위해 독립운동은 지속돼야 한다.

오항선은 1910년 만주 길림성에서 태어났다. 부모님의 고향은 황해도 신천이었는데 일본의 수탈에 못 이겨 중국으로 이주한 것이다. 그녀는 1927년, 김좌진 장군이 이끌던 북로군정서 출신의 독립군 유창덕과 결혼하여 슬하에 아들 유관철을 낳았다. 결혼을 하고 아들을 낳았지만 독립운동은 멈추지 않았다. 독립군을 위해 무기를 운반하거나 숨기고, 중요한 연락을 맡은 것이다. 주로 신민부에서 활동했는데 1929년 1월, 신민부 소속의 독립운동가 40여 명이 석두하자에 모여서 회의를 하던 중 하얼빈 일본영사관 소속의 경찰과 중국군이 습격을 받았다. 미처 피하지 못한 김혁과 유정근 등 12명이 이들에게 체포되었다. 그녀는 간신히 피신하여 숨겨 둔 무기를 다른 곳으로 옮겼다. 그 후에도 김좌진 장군의 부인 나혜석 여사와 함께 독립군을 지원하는 임무를 맡았다. 1930년 1월 24일, 김좌진 장군이 암살당하자 김수산은 6명의 결사대를 조직해서 일본에게 복수를 계획한다. 이들은 1930년 9월, 하얼빈 주재 일본영사관 습격을 시도하는데 오항선은 이들이 사용할 무기를 전달하는 위험천만한 임무를 맡는다. 그녀의 이런 활약은 일본에게는 눈엣가시처럼 보였다. 결국 1930년 10월, 자택에서 남편과 함께 일본 경찰에게 붙잡힌다. 혹독한 고문을 당한 그녀는 다행히 1931년에 석방된다. 하지만 남편 유창덕과 남동생 오해산은 총살당하고 만다. 아버지 오사언 역시 딸과 아들이 잡혀가자 크게 낙담하여 자결하고 만다. 그렇게 남편과 가족을 잃었지만 오항선의 독립운동은 멈추지 않았다. 8.15광복 후에는 가족과 함께 만주에서 한국으로 돌아와서 6.25전쟁 때부터 부산에 정착했다. 2006년 8월 5일 오후 97세로 세상을 떠나 국립대전현충원 애국지사 제3묘역에 안장되었고 정부는 1977년 건국포장, 1990년 건국훈장 애국장을 수여하였다. 그녀는 세상을 떠나기 전 신문사와의 인터뷰에서 독립운동은 아직 끝나지 않았다고 역설한다.

실물줄기 모여 대하를 이루고

티끌 모아 태산도 이룩한다 하거든

우리 민족이 저마다 죽기를 맹세하고

마음에 소원하는 독립을 외치면

세계의 이목은 우리나라로 집중될 것이요.

동방의 한 작은 나라 우리 조선은 세계 강대국의 마음을 얻어

민족자결 문제가 해결되고 말 것이다.

2백만 명에 가까운 사람들이 참여한 3.1만세운동에는 다양한 계층의 사람들이 함께했다. 그중에는 기생들도 포함되어 있었는데, 만세 시위에 참여한 기생들을 사상기생이라고 불렀다. 기생들의 시위가 가장 격렬했던 곳이 바로 황해도 해주였다. 해주 기생이었던 문월선은 동료 기생인 김월희 등과 함께 1919년 3월 3일, 해주에서 열린 만세 시위에 함께 만세를 불렀다. 큰 감동을 받은 문월선은 김월희, 김해중월, 옥채주, 문향희와 함께 기생 결사대를 조직해서 '남자의 힘을 빌지 말

고 서로 합심동체가 되어 독립운동의 투사가 되자'고 다짐한다. 기생 조합장이었던 월선은 월희와 함께 국문으로 된 독립선언서를 만들어서 활판소에서 5,000장을 찍었다. 독립선언서에는 작은 물줄기들이 모여서 큰 강을 이루는 것처럼 우리 민족이 힘을 합쳐서 독립을 외치면 일본의 지배에서 벗어날 수 있을 것이라고 밝혔다. 독립선언서 외에도 옥양목으로 만든 태극기를 광주리 3개에 가득 담았고, 깃대 없이 4면 가장자리를 재봉침에 박은 큰 태극기도 준비했다. 일설에는 손가락을 깨물어 흐르는 피로 태극기를 그렸다는 말도 전해진다. 1919년 4월 1일 치마저고리에 태극수건을 쓴 여인 다섯 명이 태극기를 흔들고 독립선언서를 뿌리며 대한독립 만세를 외쳤다. 동료기생과 권번에서 공부하던 동기들이 소식을 듣고 동참했다. 기생들도 독립을 위하여 만세를 부르고 투쟁한다는 소식에 가정에 있던 부인들도 집밖으로 떨쳐 나왔다. 신분과 성별을 뛰어넘은 시위대는 해주읍성 남문 밖으로 나와 동문으로 들어가서 종로에 이르렀는데 시위대는 무려 3,000여 명에 이르렀다. 일본 경찰은 시위대를 무자비하게 탄압했으며, 특히 주동자인 기생들을 잡아서 배후를 자백하라며 무자비한 고문을 했다. 당시 최초의 부인기자로서 만세 시위에 참여했다가 감옥에 갇혀 있던 최은희는 그녀들이 받았던 참혹한 고문을 차마 눈뜨고 볼 수 없었다고 말했다. 감옥에서 풀려난 문월선의 행적은 이후 역사 속에서 사라졌다. 그녀뿐만 아니라 다른 기생들의 후일담 역시 전해지지 않는다. 하지만 그녀들이 기생이라는 신분의 굴레를 벗어던지고 당당하게 만세를 불렀다는 사실은 반드시 기억해야만 한다. 아울러, 기생이라는 신분뿐 아니라 여성이라는 한계 역시 뛰어넘으려 했다는 사실도 말이다.

33

유관순

나라를 되찾으려고 정당한 일을 했는데 어째서 총기를 사용하여 내 민족을 죽이느냐?

이 서슬 퍼런 호통은 유관순이 만세 시위 중 병천 헌병 주재소에서 소장의 멱살을 잡고 흔들면서 외친 말이다. 유관순은 3.1만세운동의 상징적인 인물로 오랫동안 알려져 왔다. 최근 공로에 비해 유명세나 평가가 과하다는 주장이 제기되고 있지만 목숨을 걸고 만세 시위에 나선 것은 분명한 일이며, 그 것에 대한 평가에는 무게를 둘 수 없다. 1902년 충남 천안에서 태어난 유관순은 기독교를 믿은 부모님의 영향으로 선교사가 세운 이화학당에 입학한다. 1919년 1월, 고종이 갑작스럽게 사망한다. 그 소식을 들은 국내외의 독립운동가들은 고종의 장례식에 모일 사람들을 규합해서 만세 시위를 벌이기로 한다. 신한청년당이 제1차 세계대전이 끝나고 전후 처리를 위해 강대국들이 모이는 파리 강화회의에 특사를 파견해서 독립을 촉구하기로 했다는 사실은 그런 움직임을 가속화시켰다. 종교계와 학생들이 주축이 된 만세 시위 계획은 고종의 장례식인 3월 3일과 일요일인 3월 2일을 피해 3월 1일에 진행하는 것으로 결정이 된다. 평소 일본의 지배를 부당하게 생각하고 있던 유관순은 이화학당의 동료 학생들과 함께 시위에 적극적으로 참여한다. 시위가 격화되자 조선총독부는 학교에 휴교령을 내리고 기숙사의 문을 닫으라는 지시를 내린다. 시위에 주도적으로 참여한 학생들을 고향으로 분산시킬 계획이었던 것이다. 하지만 시위를 목격하고 참여했던 학생들은 가방에 태극기와 독립선언서를 가지고 내려간다. 오늘날과 달리 교통이 불편하고, 방송과 언론이 존재하지 않았던 시절에 3.1만세운동이 지방으로 퍼져 나갈 수 있었던 것은 일본의 섣부른 휴교령과 고향으로 내려간 학생들 때문이었다. 유관순 역시 문을 닫은 이화학당을 나와서 천안으로 돌아간다. 그리고 학교와 교회를 돌면서 시위 소식을 전하면서 천안에서도 만세 시위를 벌여야 한다고 말한다. 그녀의 설득으로 4월 1일 아우내 장터에서 만세 시위가 일어난다. 미리 준비한 태극기를 주민들에게 나눠 준 그녀는 목청껏 만세를 불렀고, 삽시간에 모여든 군중들은 이에 호응해서 만세 시위에 나선다. 수천 명의 군중들은 만세를 부르며, 헌병대가 있는 주재소로 몰려간다. 시위 군중들을 본 헌병대는 무차별로 사격을 해서 사상자가 발생한다. 격분한 군중들이 흥분하면서 시위는 더더욱 격화되었고, 주재소에 숨어 있던 헌병들은 응원부대가 도착하자 거리로 나서 총격을 퍼붓고 총검으로 찌르면서 시위대를 공격해서 19명의 사망자가 발생하는데 그중에는 유관순의 아버지와 어머니도 포함되어 있었다. 군중들은 사망자의 시신을 가지고 주재소로 몰려가서 격렬하게 항의했다. 헌병들은 이번에도 무차별 사격으로 군중들을 해산시켰다. 그리고 유관순은 만세 시위의 주동자 중 한 명으로 지목되어서 체포당한다.

법정에 끌려간 그녀는 죄목을 묻는 판사에게 큰 목소리로 항의하면서 조금도 굴복하지 않는다. 결국 보안법 위반으로 3년형을 선고받은 유관순은 서대문 형무소로 끌려간다. 그곳에는 어윤희를 비롯해서 전국 각지에서 만세 시위를 벌이다가 끌려온 여자 죄수들이 갇혀있었다. 유관순은 포기하지 않고 감옥에서도 만세를 부르고 저항한다. 특히 1920년 3월 1일, 3.1만세운동 1주년을 맞이해서 감방에 갇힌 동료 죄수들과 함께 목청껏 만세를 부른다. 그녀의 이런 저항은 극심한 고문과 구타로 돌아온다. 결국 유관순은 그해 9월 28일, 서대문 형무소의 차가운 감방에서 숨을 거두고 만다. 부모를 잃고 자신은 감옥에 갇히게 되었지만 슬퍼하고 굴복하기보다는 당당하게 저항했던 그녀의 나이는 불과 18세였다.

34

윤형숙

왼팔은 조국을 위해 바쳤고 나머지 한 팔은 문맹자를 위해 바친다.

전라남도 여수에서 태어난 그녀는 어렸을 때 안정리라는 마을에서 살아서 안정엽이라는 이름으로 불렸고 수피아여고 시절에는 윤혈녀라고 불렸다. 남도의 유관순이라고도 불렸다. 이런 다채로운 이름을 가지게 된 것은 독립운동사에 피로 아로새겨진 그녀의 열정 때문이다. 그녀는 1918년, 18살의 나이로 광주에서 최초로 문을 연 여성 중등교육기관인 수피아여학교에 진학한다. 당시 수피아여학교는 교사와 학생들을 중심으로 일본의 지배에 저항하는 움직임이 컸다. 특히 반일회(班日會)라는 단체는 연극단체로 위장했지만 실제로는 일제에 저항한 모임으로 다양한 활동을 했다. 윤형숙은 '장발장', '베니스의 상인', '바보 온달' 같은 연극을 연습한다는 핑계로 회원들과 모여서 민족의식을 키우는 일에 앞장섰다.

윤형숙이 2학년이 되던 1919년 1월 20일, 고종의 승하 소식을 전해들은 수피아여학교의 학생들은 일본이 고종을 독살했다고 믿고 크게 분개했다. 그해 3월 1일, 경성에서는 대대적인 만세 시위가 펼쳐진다. 일본은 언론을 통제해서 이 사실을 숨겼지만 윤형숙은 박애순 선생님에게서 소식을 듣고는 자신들도 독립만세 운동을 벌이기로 결심한다. 인근 학교 학생과 교사들과 논의한 수피아여학교 학생들은 1919년 3월 10일 오후 2시, 장날을 기해서 만세 시위를 펼치기로 한다. 이날의 만세 시위에는 수피아여학교를 비롯하여, 숭실학교 학생들과 기독교 신자, 농민과 장사꾼까지 약, 천여 명이 참가했다. 일본은 기마헌병을 투입하여 시위자들에게 밀어붙이고 체포하는 데 열을 올렸다. 기마헌병들의 폭력적인 진압으로 기세가 누그러들자 윤형숙은 당당하게 만세를 부르며 앞으로 나섰다. 이때 기마 헌병이 휘두르는 칼에 태극기를 들고 있던 왼손이 잘리는 처참한 일을 겪는다. 하지만 그녀는 굴복하지 않고 오른손으로 태극기를 들어서 만세를 불렀다. 큰 부상을 입은 윤형숙은 시위 주동자로 체포되고 만다. 이때 이름을 묻는 일본 경찰에게 자신은 조국을 위해 피를 흘린 윤혈녀라고 대답했고, 조서에는 그대로 윤혈녀라는 이름으로 적힌다. 이 일로 윤 열사의 몸은 만신창이가 되어 겨우 목숨을 건졌지만 외팔에 오른쪽 눈의 실명이라는 참담한 현실에 놓이게 된다.

당시 광주 3.1만세운동에 참여한 수피아여학교는 윤형숙 열사를 비롯하여 교사와 학생 26명이 전원 구속되는 초유의 사태를 맞이했다. 극심한 부상과 거듭된 고문으로 감옥 문을 나설 무렵의 윤형숙 열사는 그나마 실낱같이 의존하던 왼쪽 눈마저 거의 실명 상태에 이르고 만다. 하지만 삶의 희망만은 놓지 않았다. 이후 윤 열사는 독신으로 원산의 마르다 윌슨 신학교에서 신학공부를 마친 뒤 전주로 내려가 기독교학교의 사감과, 고창의 유치원 등지에서 자라나는 어린이와 함께하며 교육에 매진했다. 그러나 윤형숙에게 닥친 비극은 거기서 끝나지 않았다. 해방된 조국, 좌우 이념의 갈등 속에서 6.25 한국전쟁이 일어났다. 1950년 9월 28일 밤, 서울이 수복되자 퇴각에 나선 인민군은 윤형숙을 비롯한 손양원 목사가 포함된 양민 200여 명을 여수시 둔덕동으로 끌고 가 학살한 것이다. 학살당한 채 가매장되었던 그녀의 시신은 1960년, 마을 사람들에 의해 고향으로 옮겨진다. 무덤은 지금도 마을에 남아 있다.

보상을 받으려고 독립운동을 한 것은 아니었다.

내가 여자니까 못 한다는 생각은 안 했다. 식민지 현실에서 벗
어나려면 여자도 당연히 독립운동을 해야 한다고 생각했다.

1996년, 독립유공자로 지정되면서 건국훈장 애족장을 수
여받은 이병희는 소감을 묻는 기자에게 겸연쩍은 표정으로
대답했다. 1918년에 태어난 그녀는 아버지와 할아버지가 모
두 독립운동을 하던 집안 분위기에 따라 자연스럽게 독립운
동의 길을 걷게 된다. 경성여자상업고등학교에 입학했지만
곧 그만두고 신설동에 있는 종연방직에 취직한다. 그리고 그
곳에서 뜻을 함께하는 동지들을 규합해서 노동운동을 벌인
다. 당시 일본인과 친일파 기업주들은 낮은 임금과 오랜 노동
시간으로 조선인 여공들을 가혹하게 착취하던 상태였다. 따
라서 그녀의 주장은 큰 호응을 얻는다. 하지만 매의 눈으로 감
시하던 일본 경찰은 이병희를 치안유지법을 위반했다는 이유
로 체포해서 서대문 구치소에 수감한다. 1939년 감옥에서 나

온 그녀는 곧장 중국으로 망명한다. 그곳에는 일본의 감시를 피해 망명한 아버지가 먼저 활동 중이었다. 그곳에서 이병희는 의열단에 가입해서 활동한다. 비교적 의심을 받지 않는 여성이라는 점을 이용해서 동료들 간의 연락을 맡거나 군자금을 전달하는 임무를 맡았다. 1943년, 조선에서 기자이자 시인으로 활동하면서 독립운동을 하던 이육사가 북경으로 오면서 만나게 된다. 하지만 그해 가을, 북경에서 활동하던 두 사람은 나란히 일본 경찰에게 체포된다. 다행히 이병희는 먼저 풀려났지만 이육사는 감옥에서 옥사하고 말았다. 이병희는 죽은 이육사의 유해를 수습하고, 유품을 정리해서 귀국한다. 그녀의 이런 노력 덕분에 이육사가 쓴 〈광야〉와 〈청포도〉 같은 시들이 지금까지 남아 있게 된다. 이후 몽골 등지에서 지내다가 광복이 된 이후, 시댁이 있는 신의주로 돌아왔다가 월남해서 대한민국에 정착한다. 그녀는 오랫동안 자신의 활동에 대해서 숨기고 지내다가 1996년, 이육사의 유해와 유품을 수습했다는 사실이 알려지면서 비로소 세상에 알려졌다.

이신애

죽을 때는 입 없이 죽겠다.

죽는 순간이 오더라도 결코 자백을 하지 않겠다는 결의에
찬 이 얘기는 여성 독립운동가인 이신애가 대동단장인 전협
에게 한 말이다. 그리고 그녀는 그 약속을 지켰다. 1891년, 평
안북도 구성에서 태어난 이신애는 아버지를 일찍 여의고 어
머니와 함께 원산에 가서 자리 잡았다. 보통학교를 졸업하고
개성의 호수돈여학교에 입학하지만 가정 형편이 어려워지고
건강이 악화되자 3학년 때 중퇴를 하고 원산으로 돌아와서 성
경여학교를 졸업하고 루씨여학교의 분교에서 교편을 잡는다.
그리고 그 즈음, 손정도 목사를 만난다. 목회자이자 독립운동
가로 명성을 떨쳤던 손정도 목사의 설교를 들은 이신애는 크
게 감동을 받아 독립운동에 뛰어들 것을 결심한다. 이때 두남
학교에 있었는데 그곳에서 훗날 농촌운동을 하다 세상을 떠
난 최용신을 가르치기도 했다. 1919년 3.1만세운동이 일어나
자 적극 참여한 그녀는 그해 5월 혈성부인회에 가입해서 군

자금 모집에 뛰어든다. 그리고 9월에는 새로 부임하는 사이토 마코토 총독을 암살할 계획을 꾸미던 강우규의 요청으로 자금과 은신처를 구해 줬다. 그 후, 전협이 결성한 조선민족대동단에 가입해서 본격적인 독립운동에 나선다. 부인단 총대라는 직책을 맡은 그녀는 대동단에서 만든 대동신보의 간행에 관여한다. 지하에서 활발하게 활동하던 대동단은 1919년 하반기, 제2차 만세 운동을 계획하는 한편, 왕족 중에 한 명인 의친왕 이강을 망명시키려는 계획을 세운다. 이강의 임시정부 합류는 독립운동에 큰 도움이 될 수 있었다. 따라서 대동단은 혼신의 힘을 다해 추진했지만 일본 경찰의 수사망에 포착되면서 이강은 만주 단동역에서 체포되고 만다. 그러면서 대동단 조직도 타격을 받는데 단장인 전협을 비롯한 수뇌부 대부분이 체포된 것이다. 다행히 이신애와 몇 명의 조직원들은 일본 경찰의 손아귀를 피해 숨을 수 있었다. 하지만 이신애와 남은 조직원들은 포기하지 않고 제2차 만세 운동을 계속 추진하기로 한다. 이신애는 대동단의 독립선언서를 인쇄해서 배포할 준비를 한다. 이 독립선언서는 3.1만세운동의 독립선언서처럼 33명이 이름을 올린다. 처음에는 자동차를 이용해서 배포하면서 시위를 벌이려고 했지만 자동차가 준비되지 않자 결국 11월 28일, 안국동 광장에서 동료들과 함께 태극기를 들고 만세를 부르며 독립선언서를 배포한다. 시위를 벌인 직후, 체포된 그녀는 서대문 형무소에 수감된다. 그곳의 여옥사에는 유관순을 비롯한 만세 시위를 벌이다 붙잡힌 여성 독립운동가들이 있었다. 그녀들은 1920년 3월 1일, 3.1만세운동 1주년을 기념하기 위해 감옥 안에서 만세 시위를 벌였다. 유관순은 그 일로 인해 혹독한 고문을 받다 사망했고, 이신애 역시 평생 후유증을 앓게 될 고문을 당한다. 이신애는 1969년 3월 1일, 경향신문과의 인터뷰에서 유관순의 죽음에 더할 수 없는 슬픔과 분노를 가져다준 동시에 새로운 의미로서의 조국애를 깨닫게 해 줬다고 술회했다. 1922년 석방된 그녀는 충남 부여로 내려가서 여학교와 유치원 등을 운영하면서 후대를 양성했고, 광복 후에는 한국 부인회를 조직하여 여성 인권 향상에 힘쓰다가 1982년 세상을 떠난다.

**옳지 않은 것은 옳지 않다고 해야 한다고 배웠고,
또 그렇게 했다.**

이 말은 2009년 방영된 3.1절 다큐멘터리에 출연한 여성 독립운동가 이효정이 한 얘기다. 세상을 움직이고 지탱하는 가장 중요한 원칙이자 우리가 살면서 여러 가지 이유로 외면하는 원칙이기도 하다. 1913년 경상북도 봉화에서 태어난 그녀는 항일의병과 독립운동을 하던 집안에서 태어나면서 자연스럽게 독립운동가의 길을 걷게 된다. 15살에 경성의 동덕여자고등보통학교에 입학한 이효정은 문학소녀를 꿈꾼다. 하지만 일제강점기라는 세상은 그녀에게 문학의 꿈을 허락하지 않았다. 1929년, 광주에서 학생들의 항일운동이 벌어진다. 1919년 3.1만세운동이 벌어진 지 10년 만에 일어난 이 운동은 전국의 학생들이 호응하면서 제2의 3.1만세운동이 된다. 이효정은 친구들과 함께 운동장에 나가 만세를 불렀다가 경찰에 체포되기도 한다. 그리고 3학년에 올라가서는 시험지에

정답을 적지 않고 백지를 내는 백지 동맹 투쟁을 벌였다가 학교 측으로부터 무기정학을 당한다. 졸업 후에 잠시 교편을 잡기도 했던 그녀는 경성 트로이카에 가입해서 본격적으로 노동운동에 뛰어든다. 경성 트로이카는 이재유 등이 주도했던 사회주의 단체로 제국주의와 자본주의에 반대하는 활동을 펼쳤던 단체다. 이효정은 당시 일본인이 운영하던 종연방직의 여성 직공들이 일으킨 파업에 가담한다. 열악한 환경과 쥐꼬리만 한 급여를 견디지 못한 여성 직공들에게 용기와 투쟁 방식을 알려준 것이다. 배후 조종을 했다는 혐의로 일본 경찰에게 붙잡혀서 끔찍한 고문을 당한다. 1년 만에 풀려난 이효정은 같은 사회주의 운동가인 박두복과 만나서 혼인을 하고 시댁이 있는 울산으로 내려간다. 1945년 8월 15일, 꿈에도 그리던 광복이 찾아오자 이효정은 건국준비위원회에 울산지부에서 활동한다. 하지만 남편 박두복이 남로당 사건으로 구속되면서 그녀의 운명에도 먹구름이 드리워진다. 1950년 한국전쟁이 발발하자 박두복은 가족을 두고 월북을 하게 된다. 대한민국에 남게 된 이효정은 월북자 가족이라는 이유로 감시와 통제를 받게 되면서 어렵게 삶을 꾸려 가야만 했다. 어쩌면 일제 강점기보다 더 고통스러웠을 시기를 견딘 그녀는 1995년 《여든을 살면서》라는 시집을 통해 자신의 삶을 담담히 돌아보고, 문학소녀의 꿈을 뒤늦게 불태운다. '꽃을 보는 마음으로'라는 제목의 시에는 살다가 막히면 기다리고 기다리다 꽃을 보는 마음으로 살아야 한다는 구절이 나온다. 평생 독립과 자유를 꿈꾸던 그녀의 마음을 가장 잘 드러낸 구절로 보인다. 2009년 3.1절 다큐멘터리에서 이런 삶을 살아온 이유로 옳지 않은 것을 옳지 않다고 해야 한다는 원칙을 지켰을 뿐이라고 대답한다. 일본 강점기와 독재정권에 맞서 자신의 원칙을 지키려고 노력하던 이효정은 광복절을 하루 앞둔 2010년, 8월 14일에 조용히 눈을 감는다.

**나는 이 세상에서 보지 못한 별세상을 구경하였습니다. 복역
하는 중에는 여러 가지로 나의 부족을 깨닫고 출옥하는 날에는
어찌하든지 많이 배우고 많이 알아보겠다고 생각하였습니다. 이
제 출옥을 하였으니 나는 장차 할 수 있는 대로 공부를 하고자 합
니다.**

1922년 5월 9일, 애국부인회 사건으로 대구감옥에 수감되
었다가 풀려난 장선희는 소감을 묻는 기자에게 공부를 하겠
다고 힘주어 강조한다. 실제로 그녀의 일생은 공부의 연속이
었다. 조국의 독립을 위한 공부, 그리고 여성의 자립을 위한
공부로 끝없이 이어졌기 때문이다. 1893년 평양에서 태어난
그녀는 어린 시절부터 자수에 재능을 보였다. 그래서 자수를
팔아서 학비를 벌 수 있었다. 평양의 숭의여학교를 다니다 오
빠의 권유로 경성의 정신여학교에 편입해서 공부한다. 정신
여학교 졸업 후에는 경성여자고등보통학교에 입학해서 자수
실력을 더 갈고닦았다. 졸업 후에는 정신여학교에서 교사로

재직한다. 1919년 3.1만세운동이 일어나자 오현주가 결성한 비밀 여성독립운동단체인 혈성단 애국부인회에 참여해서 투옥된 독립운동가의 옥바라지를 도와주고 가족들을 돌봐 주는 활동을 한다. 그리고 같은 목적의 단체인 대조선 독립애국부인회와 통합해서 대한민국 애국부인회가 만들어지자 역시 참여해서 열성적으로 활동한다. 대한민국 애국부인회는 전국의 교회와 학교, 병원을 이용해서 조직을 확대했으며, 회비를 모으고, 공예품을 팔아서 상해 임시정부로 보낼 자금을 마련한다. 장선희가 만든 자수 제품 역시 판매되면서 자금 모집에 큰 역할을 한다. 하지만 1919년 11월, 조직이 탄로 나면서 그녀는 일본 경찰에게 체포된다. 감옥에서도 여성 죄수들에게 자수를 가르쳐 줄 정도로 열성적으로 활동했지만 병보석을 요청할 정도로 쇠약해진다. 출옥 후에는 고향으로 내려가 몸을 회복하던 중에 그녀를 눈여겨본 외국인 선교사들의 후원으로 일본 도쿄여자미술학교에 입학한다. 1924년, 일본 유학을 마치고 돌아온 그녀는 모교인 정신여학교와 이화여고보에서 교사로 일하다가 1927년 경성여자기예학원을 차린다. 자수와 조화 만드는 법을 주로 가르쳤다. 가난한 여성들이 자립할 수 있도록 기술을 가르쳐 준 것인데 학비를 면제해 주는 것은 물론 재료도 제공해 주면서 후원을 했다. 1945년 8월 15일, 일본이 항복하면서 조선은 독립을 하게 된다. 장선희는 종합대학으로 승격한 이화여대 미술대학에서 교수로 재직한다. 1950년 한국전쟁 이후에는 본격적으로 조화 제작에 뛰어든다. 다양한 재료를 이용해서 여러 가지 기법으로 조화를 만드는 법을 개발했으며, 강습회와 학원 등을 통해 여성들에게 기술을 가르쳐 줌으로서 자립의 길을 걷도록 해 준다. 1964년 뉴욕 박람회에 조화를 출품해서 호평을 받기도 했다. 인생의 전반기에는 조국의 독립을 위해 투쟁했고, 후반부는 여성의 자립과 발전을 위해 기여한 것이다.

독립! 독립을 원하고 있소. 우리는 말과 글이 있소. 4천 년의 역사를 가진 문화민족이오. 민족혼은 뺏지를 못하오.

이 얘기는 일제강점기 만세 운동을 했다는 혐의로 법정에 선 여성독립운동가 전창신이 외친 말이다. 왜 만세를 불렀느냐는 일본 검사의 물음에 대한 그녀의 대답인 셈이다. 1900년 함경남도 함흥에서 태어난 그녀는 독립운동가로 활동하는 아버지 전창규의 영향을 고스란히 받아서 성진의 보신여학교를 다니던 10대 초반에 동급생들과 함께 구송결사대라는 독립운동단체를 조직해서 활동을 펼친다. 1919년 3.1운동 당시에는 함흥 영생여학교에서 교사로 일하고 있었는데 경성에서 만세 운동이 벌어졌다는 소식을 듣고 함흥 지역에서도 만세 시위를 벌이고자 계획한다. 태극기를 만들고 선언문을 작성하던 중 일본 경찰에게 포착되어 체포되고 만다. 보안법 위반 혐의로 법정에 선 그녀는 당당하게 자신의 주장을 펼치고 징역 8개월형을 선고 받고 복역한다. 감옥에서 나온 전창신은 자신과 함께 함흥 지역에서 만세 운동을 주도했던 김기섭 목사와 결혼한다. 광복 이후 들어선 미군정에서 여자 경찰 후보생을 모집한다는 공고를 본 전창신은 지원을 해서 합격하게 된다. 서울 여자 경찰서에서 일하게 된 그녀는 한국 전쟁이 터지자 피난을 떠났다가 1950년 11월, 인천 여자 경찰서의 서장으로 임명된다. 여자 경찰도 드문 시절에 서장의 자리까지 올라갔던 것이다. 여자 경찰서는 1947년 미군정에 의해 처음 세워졌는데 여성과 아이들을 보호하기 위해 만들어졌다. 전창신은 전쟁으로 인해 고통 받는 여성과 아이들을 돌보는데 최선을 다했다. 당시 인천에는 피난민들이 몰려들었는데 그 와중에 상대적으로 약한 여자와 아이들이 큰 고통을 겪었다. 전창신은 경찰 애육원을 설치해서 부모를 잃은 고아들을 돌보는 등 최선을 다했다. 1952년 퇴임 이후에는 애육원을 운영하면서 아이들을 돌보다가 1985년 세상을 떠난다.

아직껏 고생 남아 옥에 갇힌 몸 되니

늙은 몸 쇠약하여 목숨 겨우 붙었구나.

혁명 위해 살아온 반평생 길인데

오늘날 이 굴욕이 과연 그 보답인가.

국토는 두 쪽 나고 사상은 갈렸으니

옥과 돌이 서로 섞여 제가 옳다 나서는구나.

철창과 마룻바닥 햇빛 한 점 없는데

음산한 공기 스며들어 악취를 뿜는구나.

누구에게나 삶의 변곡점이라는 것이 존재한다. 뜻하지 않는 기회, 혹은 선택이 그 사람의 운명을 좌우하게 되는 것이다. 정정화에게 그런 순간은 아마 남편 김의한과의 결혼일 것이다. 1900년 서울에서 태어난 그녀의 운명은 평범, 아니 평균 이상이었다. 할아버지와 아버지 모두 무관 출신으로 고위 관직을 역임하다가 은퇴했고, 일본의 침략에 저항하지 않고 작위를 받았다. 그녀가 혼인한 김의한의 집안 역시 마찬가지였다. 시아버지 김가진은 안동 김씨 출신으로 서자라는 한계를 극복하고 고종의 신임을 받는다. 농상공부대신과 법부 대신 등을 역임하고, 을사늑약 체결에 반대하면서 관직에서 물러난다. 1908년 대한협회를 만들어서 주권 수호에 앞장서면서 친일에 앞장서는 일진회와 대립했다. 하지만 1910년, 일본이 조선을 식민지로 만들면서 남작 지위를 주자 순순히 받아들였다. 하지만 이런 행보는 일본을 방심하게 만들려는 것으로 그는 기회를 노리고 있었다. 1919년 3.1만세운동 이후 국내외에서 많은 독립운동가들이 활발하게 움직였다. 국내에서는 전협 등이 조직한 대동단이 활동했는데 제2차 만세 시위를 준비하는 한편, 의친왕 이강을 국외로 탈출시켜서 독립운동에 합류 시켜려고 노력했다. 대동단의 총재로 추대된 김가진은 아들 김의한과 함께 먼저 상해로 탈출했다. 하지만 열차를 탄 의친왕 이강은 만주의 단동에서 일본 경찰에게 체포당하고 만다. 이후에도 포기하지 않고 독립운동을 하지만 1922년, 77세의 나이로 상해에서 숨을 거둔다. 남편과 시아버지가 망명을 떠나자 졸지에 홀로 된 정정화는 상해로 떠나기로 한다. 봉천으로 가서 천진과 북경을 거쳐 상해에 도착한 정정화는 남편과 시아버지와 만나게 된다. 평범하게 살 수 있었던 그녀가 운명의 변곡점을 스스로 찾은 것이다. 어렵게 상해로 망명했지만 다시 조선으로 돌아와야만 했다. 1919년 4월, 상해에서 임시정부가 수립되지만 곧 극심한 자금난을 겪게 된 것이다. 정정화는 여성이라는 점을 이용해서 국내로 잠입해서 자금을 모으기로 한다. 1920년 3월, 그녀는 상해 임시정부의 통신원 자격으로 귀국한다. 무사히 경성에 잠입한 그녀는 이리저리 다니면서 모은 자금을 가지고 상해로 향한다. 열차를 타고 건너가면 검문을 당할 수 있었기 때문에 밤중에 배를 타고 몰래 압록강을 건너는 모험을 감행하기도 했다. 그렇게 천신만고 끝에 상해로 돌아온 그녀가 가지고 온 자금은 임시정부의 숨통을 틔워 주는 역할을 했다. 정정화는 여기에 그치지 않고 다시 국내로 잠입해서 자금을 모아서 가져오는 임무를 맡았다. 1922년 6월에 세 번째로 국내로 잠입하다가 일본 경찰의 검문에 걸리고 만다. 하지만 다음 달에 시아버지인 김가진이 세상을 떠나자 장례를 치른다는 명목으로 풀려나서 무사히 돌아온다. 이후에도 세 차례나 더 국내에 잠입해서 자금을 모아서 임시정부에 전달하는 임무를 맡았다. 그녀의 활약 덕분에 임시정부는 1920년대 후반의 암흑기를 견딜 수 있었다. 1932년 이봉창과 윤봉길의 의거로 인해 오랫동안 침체되었던 임시정부는 활기를 띤다. 중국 국민당 정권의 후원을 받게 된 것이다. 하지만 두 차례의 의거로 인해 임시정부는 더 이상 상해에 머물 수 없게 된다. 상해를 벗어난 임시정부 요인들 사이에는 정정화도 포함되어 있었다. 남편 김의한과 함께 상해를 떠난 그녀는 임시정부의 살림꾼 노릇을 하면서 독립운동가들의 뒷바라지를 했다. 남경에서는 김구 선생의 어머니 곽낙원 여사를 돌봐 주기도 했다. 정정화는 단순히 허드렛일을 했던 것뿐만 아니라 임시정부의 정당인 한국국민당과 한국독립당에 입당해서 공식적인 활동을 하기도 했다. 그 사이, 임시정부는 일본군의 공격을 피해 이곳저곳으로 이동하다가 최종적으로는 중국의 임시수도인 중경에 안착한다. 그러면서 광복군을 편성하고 본격적인 독립전쟁에 나서게 된다. 정정화는 1940년 창설된 한국혁명여성동맹의 조직부장을 맡아서 임시정부를 지원하는 임무를 수행했다. 중경에 모인 독립운동가 자녀들을 위해 만들어진 3.1유치원의 교사로서 활동하기도 했다. 1943년 중일전쟁이 격화되어가는 와중에 한국애국 부인회 재건대회에 참석해서 여성들의 역량을 결집해서 독립운동에 나서는 일에 앞장선다. 남녀평등이 실행되는 민주주의 신공화국 건설에 적극 참가할 것을 주장하면서 위문품을 모아서 전선의 광복군에게 전달하거나, 일본군에 징병되었다가 포로로 잡힌 조선인 청년들을 찾아가서 위문하는 일에도 참여한다. 그렇게 눈코 뜰 새 없이 바쁘게 지내던 정정화에게 1945년 8월 15일이 불현 듯 찾아왔다. 중경에 머물던 임시정부 요인들은 그해 귀국했지만 정정화는 상해로 가서 동포들의 귀국을 돕다가 다음해 5월에야 귀국한다. 꿈에도 그리던 조국으로의 귀환이었지만 현실은 녹록지 않았다. 미국과 소련에 의해서 조국이 분단될 위기에 처하자 그녀는 김구 선생의 한국독립당에 가담해서 통일 운동에 나선다. 하지만 분단은 피할 수 없는 상황이 되어 버렸고, 설상가상으로 1950년 6월 25일 한국 전쟁이 터지고 남편 김의한이 납북되고, 그녀는 의심을 받고 감옥살이를 해야만 했다. 해방된 조국으로 돌아왔지만 남편을 잃고, 자신까지 감금되는 기가 막힌 비극을 겪은 정정화는 철창과 마룻바닥에 햇빛 한 점 없는데 음산한 공기가 밀려 들어와 악취를 뿜는다면서 참담한 심정을 〈옥중소감〉이라는 시를 통해 밝힌다. 이후, 아들을 키우며 지내던 그녀는 1991년 세상을 떠난다.

41

정종명

우리도 사람이다. 우리에게도 자유가 있으며 권리가 있으며 생명이 있다.

요즘 들어도 이상하지 않을 이 처절한 절규는 1924년 5월, 여성동우회 창립식에서 정종명이 외친 것이다. 사회주의 여성단체인 여성동우회는 독립운동과 더불어서 여성해방운동을 함께 펼친 곳으로 주세죽과 허정숙 같은 여성 지식인이자 사회주의자들이 참여해서 만든 단체다. 1920년대 접어들면서 일본은 문화정치를 표방하면서 언론을 비롯한 일정부분 양보하는 정책을 펼친다. 하지만 그 와중에도 여성에 대한 고정 관념과 속박은 쉽사리 사라지지 않는다. 주세죽과 친구들이 단발을 했다는 것이 장안의 화제가 된 것이 바로 1920년대라는 것은 여성을 억압하는 전통이 얼마나 오랫동안 지속되어 왔는지를 보여 준다. 식민지만큼이나 억압적인 속박을 벗어나기 위해 많은 여성들이 희생하고 단결했다. 정종명 역시 자신의 삶 전체를 던지면서 투쟁한 여성 중의 한 명이다.

1896년 태어난 정종명에게도 가난은 굴레이자 속박이었다. 다른 여성들처럼 10대 후반에 결혼을 하지만 남편이 일찍 세상을 떠나자 먹고살기 위해 세브란스 병원의 간호원 양성소에 들어간다. 환자들을 돌보는 일은 여간 고되지 않았지만 당시 홀로 가정을 부양해야 하는 여성이 할 수 있는 일은 손에 꼽을 정도였다. 대부분의 사람들은 이런 가난을 극복이나 체념의 대상으로 봤지만 정종명은 자신의 가난이 어디에서 왔는지를 정확하게 알고 있었다. 바로 식민지의 백성이자 여성이었기 때문이다. 그래서 1922년, 여자 고학생상조회라는 단체를 만든 것은 그런 것에서 벗어나기 위한 노력의 일환이었다. 자연스럽게 사회주의를 접한 정종명은 1924년 여성동우회에 참여하여 집행위원을 맡으며 활동한다. 여성해방을 통한 새로운 사회 건설을 표방하던 여성 동우회는 1927년 근우회의 창립으로 이어진다. 당시 신채호 등이 주도해서 만든 신간회의 자매단체인 근우회는 민족주의와 사회주의 단체들이 통합해서 만든 여성운동 조직으로 국내는 물론 일본과 만주 등에도 지부를 설치할 정도로 활발하게 활동했다. 정종명은 근우회의 중앙집행위원으로 활동하면서 여성해방과 독립운동을 펼쳤다. 이러한 그녀의 활동은 1929년 광주에서 시작한 항일학생운동으로 이어진다. 광주에서 벌어진 이 운동이 전국적으로 퍼져 나간 것은 신간회와 근우회가 진상을 알리는 활동을 펼쳤기 때문이다. 결국 주세죽을 비롯한 근우회 동료들과 함께 일본 경찰에 체포된 정종명은 옥고를 치르고 만다. 하지만 감옥이라는 장벽을 뛰어넘은 정종명은 신간회가 해산된 이후에도 활동을 계속한다. 1931년 적색구원회와 조선공산당 재건운동에 참여했다가 일본 경찰에게 다시 체포되어서 징역 3년형을 선고 받는다. 하지만 광복 이후 조선공산당 산하 조선부녀총동맹에서 활동하다 월북하면서 우리 기억 속에서 지워진다. 2018년 애국장이 추서되었지만 언제 사망했고, 후손이 누군지는 밝혀지지 않았다.

42

정칠성

나의 사랑하는 동무들은 모두 어디에 있느냐. 살았느냐? 죽었느냐? 죽었다고 하더라고 지나가는 동남풍에서조차 소식이 있으련만…

지금은 5월이다. 산과 들에는 죽었던 풀들이 다시 청청하여지고 파란 하늘에도 날개를 우산발같이 펼친 새들의 노랫소리가 가득찼다. 동무야! 그대도 저 하늘을 이고 서 있다면 매일같이 물이 오르는 저 초목과 귀에 간지러운 저 새소리를 듣고 잊었던 옛날의 터전과 동무 생각에 가슴을 조이고 있으련만 내 목소리가 통하지 않는 것을 보면 동무야 그대는 퍽이나 머나먼 곳에 가 있는 듯하다.

1897년 대구에서 태어난 정칠성은 경성으로 올라온 후 한남권번 소속의 기생이 된다. 정금죽이라는 다소 여성스러운 이름도 가지고 있었는데 기생으로 활동하던 시절 사용하던 이름으로 나중에 종종 필명으로 사용하기도 한다. 정확한 생일과 가정 환경은 밝혀지지 않았지만 그 시대에 기생이 어떤 취급을 받았는지를 생각해 보면 그녀의 삶이 시작부터 녹록지 않았음을 알 수 있다. 하지만 정칠성은 이런 취급을 그냥 견디지 않고 투쟁한다. 1919년 3.1만세운동은 세상에 불만을 가지고 있던 그녀에게 새로운 길을 걷게 해 줬다. 정칠성은 만세 운동에 적극 가담하면서 사상기생의 길을 걷게 된다. 그녀는 훗날 기름에 젖은 머리를 탁 베어 던졌다는 표현으로 당시를 회고했다. 경찰에 체포되었다 풀려난 그녀는 감시를 피하기 위해 잠시 일본 유학을 떠난다. 1923년, 짧은 일본 유학을 마치고 돌아온 그녀는 물산장려운동에 참여하는 것으로 사회 활동을 시작한다. 다음 해에는 여성해방과 새로운 사회 건설을 추구하는 여성동우회의 창립에 발기인으로 참여하며 집행위원에 선출된다. 이 무렵부터 허정숙과 주세죽 같은 사회주의 운동가들과 가깝게 지내는데 기생출신이라는 것을 따지지 않았기 때문으로 보인다. 다음 해, 다시 일본으로 건너가서 도쿄 여자기예학교에 입학하지만 다른 한편으로는 삼월회라는 사회주의 독립운동 단체에 가담하면서 저항의 끈을 놓지 않는다. 귀국 후에는 좌우합작 독립운동 단체인 신간회의 자매단체인 근우회에 참여한다. 그리고 신문과 잡지에 여성해방과 인권 향상을 주장하는 칼럼을 싣고 전국 각지를 돌면서 연설회를 가졌는데 참관한 경찰이 여러 번 연설을 중단시키고 참가자들을 해산시킬 정도로 큰 호응을 얻었다. 그녀는 여성에게만 정조를 강요하는 사회적 분위기에 일침을 가하는 당대에는 굉장히 과격하고 충격적인 주장들을 펼쳤다. 그녀는 말로만 이런 주장을 하지 않고 기예학교에서 배운 자수와 편물 제작법을 여성들에게 가르쳐 주면서 자립의 길을 열어 주려고 노력했다. 여성과 민족의 해방을 주장하는 그녀의 행보는 일본 경찰에게는 눈엣가시처럼 보이면서 여러 차례 투옥되었다. 하지만 정칠성은 개의치 않고 목소리를 높였다. 1929년 광주에서 벌어진 학생들의 시위 소식을 접한 신간회와 근우회는 이 소식을 적극적으로 알리면서 저항을 촉구했다. 다음 해 경성에서도 학생들의 시위가 벌어졌는데 일본 경찰은 배후에 근우회가 있다고 지목하면서 정칠성 등을 체포했다. 1931년, 신간회가 해산되자 그녀의 활동도 차츰 줄어들었다. 이후, 아들의 학비를 벌기 위해 자수 강사를 하면서 지내던 그녀는 1945년 해방이 되자 다시 활동을 재개한다. 조선공산당에 참여한 그녀는 산하 여성단체인 조선부녀총동맹의 집행위원으로 활동한다. 하지만 대한민국에서 공산당의 활동이 불법화되자 북한으로 탈출해서 최고인민회의 대의원에 선출되는 등 북한 정권 수립에 참여한다. 하지만 1958년 남로당 책임자인 박헌영이 김일성에 의해 숙청당하면서 정칠성 역시 역사 속으로 사라지고 만다. 기생이나 여성, 그리고 월북자라는 낙인은 오랫동안 그녀를 우리의 기억 속에서 잊어지게 만들었다. 하지만 여성이자 식민지 백성이라는 한계를 뛰어넘고자 했던 그녀의 목소리는 결코 잊어서는 안 된다.

또 이 나라의 부인에 대하여서는 나는 처음 그들을 대할 때에 놀란 것이 있습니다. 그들은 조금도 부족한 점이 없는 완전한 인형입니다. 일본의 여자가 인형 같다고 하는 말은 전에 누구에게 들었지만 미국의 여자를 대할 때는 정말로 이것이 인형이다 하는 느낌이 들었습니다. 일본의 인형은 흔들어도 울 줄 모르는 인형이지만은 미국의 인형은 남자에게는 몸과 생각을 맡기는 인형이면서도 역시 감각이 있어서 울 줄도 아는 인형이외다. 조각가가 만드는 인형은 생명이 없는 인형이지만은 자본주의문명은 생명 있는 인형을 제조하는 힘까지 있는 것입니다. 이렇게 아름답고 생명 있는 인형, 돈이라면 얼른 삼키는 인형은 자본주의 국가인 이 나라가 아니면 볼 수 없을 것입니다.

일제강점기 대표적인 여성 독립운동가이자 사회주의자인 허정숙은 아버지와 함께 미국을 돌아보고 이런 인상을 남겼다. 해외여행은 꿈도 못 꿀 시절이며, 특히 바다 건너 미국은 가 본 사람이 손에 꼽을 정도였다. 그래서 대부분 미국에 가면

높은 빌딩과 도로를 가득 메우는 차를 보고 감탄하기 바빴다. 하지만 허정숙은 그 안에서 여성을 찾아냈다. 1902년 그녀가 태어났을 때의 운명은 나쁘지 않았다. 몰락한 양반 집안 출신이지만 아버지 허헌이 당시 몇 안 되는 변호사였기 때문에 먹고사는 데는 아무 문제가 없었기 때문이다. 배화학당과 평양 고등여학교를 졸업하는 당대 여성으로서는 드물게 고등 교육까지 받을 수 있었던 것도 바로 이런 이유 때문이었다. 하지만 기독교도인 아버지의 권유로 일본의 신학교로 유학을 떠나면서 삶이 비틀어지기 시작했다. 반항적인 성격 때문에 일본 유학 시절을 더 없이 고통스럽게 보낸 것인데 잠깐 귀국했을 때 벌어진 3.1만세운동에 참여하면서 더 이상 유학 생활을 지속하는 것이 불가능해졌다. 결국 귀국 후에 다시 중국 상해로 유학을 떠났는데 이때 독립운동가들과 만나게 되면서 자연스럽게 민족해방을 가슴에 새기게 된다. 아울러 주세죽과 박헌영 등과도 가깝게 지내면서 사회주의를 접하게 된다. 건강이 악화되면서 귀국한 허정숙은 본격적인 활동에 나선다.

차마리사가 세운 조선여자교육회에 가입한 그녀는 전국 순회강연에서 여성해방을 부르짖었다. 아울러 신문과 잡지에 활발하게 글을 기고했는데 역시 여성해방을 역설하는 글이 대부분이었다. 하지만 글과 강연보다 사람들에게 더 충격을 준 것은 단연코 단발이었다. 여성의 단발은 상상도 하기 어려운 시절 친구인 주세죽 등과 함께 단발을 하고 다니면서 세간의 화제가 된 것은 물론 온갖 논쟁과 비난의 한복판에 서게 된 것이다. 하지만 허정숙은 남자도 머리를 자르지 않느냐면서 대수롭지 않게 반응했다. 1924년 여성 동료들과 함께 여성동우회를 세웠는데 여성해방과 새로운 국가건설이라는 강령을 직접 만들었다. 이후, 첫 번째 남편인 임원근과 함께 동아일보 기자로도 일하다가 〈신여성〉이라는 잡지에서 근무한다. 당시 여성 기자는 손에 꼽을 시절이라 장안의 화제가 되기도 했다. 각종 여성단체에 가입하고, 강연회 활동을 하면서 여성해방을 역설하지만 조선공산당 사건으로 남편이 구속되자, 아버지 허헌과 함께 세계 일주에 나선다. 갑작스러운 세계 일주는 아버지가 딸 허정숙을 잠시 도피시키기 위해서라는 얘기가 있다. 그녀의 세계 일주는 미국 유학으로 이어진다. 이승만 등을 만나면서 교류를 하는 한편, 미국이라는 나라가 마냥 선진국이 아니라 여성의 지위가 형편없다는 점을 간파했다. 1년 동안 미국 유학 생활을 하고 돌아온 그녀는 신간회의 자매단체인 근우회에 참여한다. 중앙집행위원과 〈근우〉라는 잡지의 편집을 맡은 허정숙은 틈틈이 강연과 기고를 통해 여성의 해방과 자립을 주장했다. 1929년 광주에서 벌어진 학생들의 시위는 전국적으로 퍼져 나갔다. 일본의 차별적이고 강압적인 교육에 대한 학생들이 저항이 불길처럼 번져 간 것이다. 1930년 초가 되면서 경성에서도 학생들의 시위가 연달아 벌어진다. 허정숙은 경성의 여학생들이 시위를 벌이는 것을 배후에서 조종했다는 혐의로 경찰에 체포된다. 이화여고보에 다니던 최복순이 찾아오자 여러 가지 조언을 해 주면서 진행을 도운 것이다. 체포 당시 임신한 상태였던 허정숙은 출산과 재수감을 반복하면서 건강을 크게 해친다. 1932년 석방이 된 그녀는 태양광선을 이용한 치료소를 열고 경영에 몰두했다. 하지만 일본 경찰의 감시가 이어지자 자유로운 활동을 위해 망명을 결심한다. 1936년 자식들을 부모님에게 맡긴 허정숙은 동료들과 중국으로 망명한다. 상해로 향한 그녀는 조선의용대에 가담했다가 중국 공산당의 근거지인 연안으로 가서 항일투쟁에 나선다. 조선독립동맹에 가입한 허정숙은 팔로군 소속으로 교육과 선전활동을 맡았다. 1942년 조선의용군이 창설되자 일본군에 징병된 조선청년들을 탈출시키는 임무를 수행하면서 항일 전선에서 활동한다. 1945년 8월 15일, 일본이 항복하자 배를 타고 서울로 돌아오지만 사회주의자이자 공산주의자인 그녀가 활동할 수 있는 공간은 아니었다. 공산주의 정권이 수립된 북한으로 활동공간을 옮긴 허정숙은 1948년 5월 평양에서 열린 남북협상에서 북한 여성단체를 대표해서 참석하여 축사를 낭독하기도 했다. 같은 해, 최고인민회의 대

의원에 선출된다. 한국전쟁이 끝나고 김일성의 독재가 본격
화되면서 다른 파벌들이 숙청당했지만 그녀는 계속 살아남아
서 1991년 세상을 떠난다. 단발과 자유연애로 세상을 떠들썩
하게 한 여성이 독재정권에서 말년을 보냈다는 사실은 우리
의 근현대사가 얼마나 암울했는지를 보여 준다.

44

주세죽

친애하는 스탈린 동지! 제 남편 박헌영을 통해 저에 대해 확인
하셔서 제가 조선에서 다시 혁명 활동에 종사하게끔 저를 조선으
로 파견해 주실 것을 간청하는 바입니다. 저는 진정 충실하게 일
할 것이며 제 남편을 이전과 같이 보필할 것입니다. 만일 제가 조
선으로 가는 것이 불가능하다면, 제가 모스크바에서 살며 제 딸
을 양육할 수 있도록 허락해 주실 것을 빕니다.

1920년대는 여러모로 격동의 시대였다. 3.1만세운동이라
는 민족적 저항에 부딪친 일본이 기만적인 문화 정치를 내세
우면서 언론이 일부 자유화되었고, 사회주의와 공산주의 같
은 사상들이 본격적으로 유입된 것이다. 특히 여성들을 억압
하던 전통적인 관습을 타파하자는 움직임이 커졌는데 이런
일에 목소리를 높이던 여성들을 당대에는 신여성이라고 불렀
다. 주세죽은 허정숙, 고명자 등과 더불어서 신여성의 대표주
자 중 한 명이었다. 주세죽은 어떻게 해서 그런 삶을 살게 되
었을까?

1899년 함경남도 함흥에서 태어난 그녀는 비교적 유복한 집안에서 태어난 덕분에 어린 시절을 별 문제 없이 보낼 수 있었다. 1919년 3.1만세운동의 여파는 주세죽의 고향인 함흥까지 밀려왔다. 그녀는 친구들과 함께 만세 시위에 나섰다가 일본 경찰에 체포되어서 1개월간 수감되었다가 풀려난다. 세상 밖으로 나온 주세죽은 피아노를 배우기 위해 상해로 유학을 떠난다. 하지만 주세죽은 그곳에서 피아노 대신 세상을 배웠다. 당시 상해에 있던 임시정부 요인들과 박헌영, 김단야 같은 혁명가들과 만나게 되면서 저항을 꿈꾸게 된다. 그리고 사회주의 혁명가 중 한 명인 박헌영과 교제를 한다. 유학생활을 마친 후에 귀국한 주세죽은 그와 결혼을 한다. 박헌영은 귀국 이후 동아일보 기자로 일했고, 주세죽은 여성단체인 여성동우회 결성에 참여하는 한편 고려 공산청년회에서 활동하면서 여성해방과 사회주의 혁명을 동시에 꿈꾼다. 1925년 4월에는 경성의 유명한 중식당이었던 아서원에서 조선공산당 창당대회가 열린다. 박헌영이 핵심적인 역할을 했으며 주세죽도 역시 적극적으로 참여했다. 1927년에는 신간회의 자매단체인 근우회 활동에도 동료들과 함께 참여했다. 하지만 이러한 움직임은 일본 경찰에게 계속 포착되어서 체포와 석방이 반복되면서 더 이상 활동이 불가능해졌다. 남편 박헌영 역시 제1차 공산당 사건으로 체포되어서 극심한 고문을 받으면서 정신이 피폐해진 상황이 이르렀다. 1928년, 만삭의 몸이었던 주세죽은 남편 박헌영과 함께 1928년, 러시아의 블라디보스토크로 탈출한다. 거기에서 시베리아 횡단열차를 타고 모스크바로 가던 도중 딸 비비안나를 낳게 된다. 모스크바에 도착한 주세죽 박헌영 부부는 먼저 자리를 잡은 김단야 고명자 부부의 환영을 받는다. 박헌영은 그곳에서 몸을 추스르면서 레닌국제대학교에 입학했고, 주세죽은 고명자가 다니는 동방근로자대학교에 들어간다. 1932년, 남편 박헌영은 코민테른의 명령을 받고 상해로 간다. 그곳에서 조선의 공산주의자들과 접촉하고, 세력을 확대하라는 명령을 받은 것이다. 주세죽은 어린 딸 비비안나를 모스크바에 놔두고 함께 동행한다. 그리고 활동을 돕던 중에 남편인 박헌영이 일본 경찰에게 체포되자 동료인 김단야와 함께 모스크바로 돌아갔다가 재혼을 하게 된다. 남편인 박헌영이 체포되어서 경성으로 압송당한 시점이라서 많은 비난이 쏟아졌지만 주세죽은 담담하게 받아들였다. 하지만 김단야가 1937년, 일본의 스파이라는 누명을 쓰고 총살당하자 주세죽에게도 그 여파가 미치고 말았다. 스파이의 아내라는 이유로 중앙아시아의 카자흐스탄으로 끌려간 것이다. 우여곡절 끝에 크질오르다에 정착하는데 1943년까지 홍범도 장군이 극장 수위로 일하면서 여생을 마친 곳이기도 하다. 그곳에서 조국이 광복되었다는 소식을 듣고 스탈린에게 자신을 조선으로 보내 달라고 청원한다. 만약 그게 안 되면 모스크바에서 딸 비비안나와 함께 있고 싶다고 애원하지만 무시당한다. 그 후, 1953년 모스크바로 딸 비비안나를 만나러 가다가 건강이 악화되어서 세상을 떠났다. 1989년, 소련 정부에 의해서 복권되었으며, 대한민국 정부 역시 2007년 건국훈장 애족장을 추서했다.

45

조신성

독립운동은 절대 비밀이라 순사에게 말할 이유가 없어.

1920년 10월, 동아일보는 맹산 선유봉 호랑이굴 독립단 사건을 대서특필했다. 평안남도 대동군의 맹산면에 있는 선유봉에 근거지를 둔 대규모 독립단이 일본 경찰에 발각되면서 수백 명의 단원들이 체포된 것이다. 그리고 법정에는 중년의 여성 한 명이 포승줄에 묶인 채 서 있었다. 바로 조신성이었다. 그녀는 체포 직후 자백하라는 순사에게 독립운동은 절대 비밀이라 순사에게 말할 이유가 없다고 태연하게 대답한다. 1873년 평안북도 의주군에서 태어난 그녀의 삶은 부모를 차례로 잃게 되면서 가난 그 자체였다. 16세의 나이에 결혼을 했지만 무능력하고 방탕한 생활을 하던 남편이 돌연 아편을 먹고 자살하면서 20대 초반의 나이에 과부가 되고 만다. 부모가 없기 때문에 돌아갈 친정도 없었던 조신성은 우연찮게 기독교를 접하게 되면서 종교인의 삶을 살게 된다. 과부라는 손가락질을 벗어날 수 있게 숨통을 틔워 주었을 뿐만 아니라 아직 신분제의 관습이 남아 있던 시점이라 여성이라서 받은 차별과 천대를 잊게 해 준 것이다. 외국인 선교사들의 후원으로 일본에 있는 여학교에 유학을 갔다 온 그녀는 이화학당의 교사와 사감으로 활동하면서 여학생들을 가르쳤다. 이때 여러 민족운동가들과 교류를 하였는데 특히 안창호의 영향을 많이 받았다고 전해진다. 1908년, 평양에 진명여학교를 세우면서 본격적인 교육자의 길을 걷는다. 하지만 일제강점기에 접어들면서 일본의 노골적인 방해로 인해 위기에 몰리기도 한다. 이런 와중에 벌어진 1919년 3.1만세운동은 그녀에게 많은 생각을 하게 만든다. 평화롭게 시위를 벌였지만 일본은 총칼로 무자비하게 진압하면서 막대한 사상자가 발생했다. 특히 맹산면에서는 시위에 나선 기독교도 60여 명을 주재소의 뜰에 몰아넣고 문을 잠근 다음 총격을 가해서 모두 목숨을 잃는 일이 벌어졌다. 피땀 흘려 운영하던 진명여학교도 일본의 압력에 의해 그만두게 된 조신성은 김봉규, 안국정 등과 함께 대한독립청년단을 만든다. 비밀결사단체로 구성된 대한독립청년단은 자금을 모아서 상해 임시정부에 전달하고 무기를 전달받아 일본 군경과 친일파들을 척살하는 것을 목표로 했다. 대한독립청년단은 맹산면에 있는 선유봉의 호랑이 굴이라는 곳에 본부를 설치하고 활동에 나섰다. 이들은 일본 경찰을 사살하고, 면사무소를 습격하면서 일본 경찰과 관리들의 가슴을 서늘하게 만들었다. 조신성은 무기를 운반하고 친일파 부호들에게 전달할 경고문을 보내는 일을 도왔다. 1920년 11월, 동료들과 함께 길을 가던 조신성은 일본 경찰의 불심검문을 받는다. 정체가 탄로 날 위기에 처하자 조신성은 일본 경찰을 끌어안고 넘어지면서 동료들이 도망칠 시간을 벌어 준다. 그대로 체포되어서 유치장에 구금되어 있던 조신성은 자신을 감시하던 조선인 경찰 보조원들을 설득해서 대한독립청년단에 가담하게 만드는 능력을 발휘한다. 하지만 그녀가 감옥에 갇혀 있는 동안 대한독립청년단은 조직이 발각되면서 출옥하던 날, 다시 체포되는 불운을 겪는다. 이 사건으로 2년 6개월 형을 선고받은 조신성은 감옥에서 나온 후에 교육 활동과 사회 활동에 매진한다. 1928년, 근우회 평양지회 회장으로 취임하고 여성실업장려회를 설립하는 등, 여성의 자립을 위해 노력했다. 그밖에도 야학을 운영하면서 배우지 못한 아이들을 돌보는 데 최선을 다했다. 1945년 광복이 되었지만 북한 지역에서는 소련군이 진주한다. 소련군을 등에 업고 정권을 수립한 김일성은 조신성에게 여러 직책을 맡기면서 회유하려고 했다. 하지만 기독교도로서 공산주의를 증오했던 조신성은 1948년, 대한민국으로 월남해서 대한부인회 총재로 활동한다. 1950년 한국 전쟁이 터지자 부산으로 피난을 떠나서 양로원에서 지내던 중 1953년 5월 세상을 떠난다.

46

조화벽

조상에게 부끄럽지 않은 후손이 되어야 하느니라.

이 얘기는 여성 독립운동가 조화벽이 손자 유덕상에게 한 말이다. 누군가의 가족이나 후손으로 살아간다는 것은 쉽지 않은 일일 수도 있다. 때로는 하고 싶은 일을 못 하는 것을 넘어서서 생명의 위협을 당할 수도 있기 때문이다. 안중근의 둘째 아들 안준생이 아버지가 사살한 이토 히로부미의 아들에게 고개를 숙이며 사죄를 한 것도 위협과 협박에 못 이겼다는 주장이 제기되고 있으니까 말이다. 하지만 조화벽은 자신에게 주어진 그 무게를 기꺼이 감당했다. 1895년 강원도 양양에서 태어난 그녀는 아버지 조영순의 영향을 많이 받는다. 양양 감리교회의 전도사였던 아버지는 독실한 신자이자 열렬한 애국자였기 때문이다. 원산 루씨여학교를 졸업한 그녀는 개성의 호수돈여자고등보통학교로 진학한다. 그곳은 일제의 지배에 항거하고자 하는 권애라 같은 선생들과 어윤희 같은 학생들이 조직한 호수돈 비밀결사대가 존재하던 곳이다. 전도사의 딸이면서 애국심이 강했던 조화벽은 자연스럽게 그들의 일원이 된다. 1919년 2월 28일, 독립선언서가 개성에 도착했다는 소식을 들은 조화벽은 호수돈 비밀결사대와 함께 비밀리에 만세 시위를 준비한다. 기숙사에서 독립선언서를 인쇄하고 커튼을 뜯어서 태극기를 준비한 조화벽은 다음 날인 3월 1일, 다른 학생들과 함께 거리로 나가서 만세를 부르며 시위를 펼친다. 전국적으로 만세 시위가 격화되자 조선 총독부는 학교에 휴교령을 내린다. 시위를 주도하는 학생들을 흩어지게 할 속셈이었지만 오히려 역효과를 내고 만다. 시위에 참여한 학생들이 고향에 돌아가서 소식을 전하면서 지방에서의 만세 시위가 벌어지게 된 것이다. 조화벽 역시 가방에 독립선언서를 숨기고 3월 11일, 고향으로 내려가는 열차를 탄다. 이때 철원역을 지나던 중 시위를 하기 위해 모인 군중들을 보고 손을 흔들면서 울었다. 고향인 양양에 도착한 조화벽은 기다리고 있던 경찰에게 엄중한 심문을 받지만 다행히 숨겨 온 독립선언서는 빼앗기지 않았다. 한숨 돌린 그녀는 양양 감리교회로 가서 개성에서 대대적인 만세 시위가 벌어졌다는 사실을 전한다. 조화벽의 이런 노력 덕분에 양양은 다소 늦은 4월 4일, 장터에서 대대적인 만세 시위가 벌어진다. 약 4천 명의 군중들이 참여한 만세 시위는 9일까지 이어지면서 일본 경찰들을 공포에 질리게 만든다. 조화벽은 만세 시위 이후 일본 경찰이 대대적인 검거에 나서자 양구로 피신했다가 훗날 호수 돈여학교로 돌아가서 학업을 마친다. 이후, 공주 영명학교 교사로 일하다가 유관순의 오빠 유우석과 만나 결혼을 하게 된다. 결혼 후, 본가가 있는 양양으로 돌아와서 정명학원을 설립해서 아이들을 가르치는 한편 유관순의 동생들을 돌봐 준다. 그러니까 전도사이자 애국지사인 아버지 조영순의 딸이자 유관순의 오라버니인 유우석의 아내로서 부끄럼 없이 살던 그녀가 유관순의 후손이자 자신의 손자에게 역사의 무게감을 넘겨 준 것이다. 얽매이지 않되 부끄럽지 않도록 말이다.

47

지복영

나는 가끔 독립운동가들의 묘소를 찾을 때마다 어떤 무서운 함성을 듣곤 합니다. 흙으로 덮인 봉분이나 이름 석 자뿐인 비석, 주위의 풀이나 나무에서 그런 소리가 나올 리는 없지요. 그런데도 내 귀에는 무언가 크고 애타는 함성이 들려오는 것 같아 견딜 수가 없어요.

77살의 여성 독립운동가 지복영이 들은 함성은 대체 무엇일까? 이 기사를 볼 때마다 항상 궁금증이 들곤 한다. 그것은 아마 미안함에서 비롯된 것일 수도 있다. 자신은 아버지의 명성에 힘입어 유공자가 되고 훈장을 받았지만 수많은 독립운동가들이 기억 속에서 잊어지면서 역사 속으로 사라졌기 때문이다. 그래서인지 그녀는 노년에 접어들면서 인터뷰에서 잊혀지고 묻혀 버린 독립유공자들을 찾아서 세상에 알려야 한다고 강조하곤 했다.

그녀는 1920년 경성의 삼청동에서 태어난다. 하지만 아버지는 그녀의 탄생을 보지 못했다. 지복영의 아버지 지청천은 얼마 전에 독립운동을 위해 만주로 향했던 것이다. 일본 육사 출신으로 출세가 보장되었지만 가시밭길을 택했고, 그것은 가족에게도 영향을 끼쳤다. 일본 경찰들이 지청천의 가족이라며 감시와 압박을 가하자 견디지 못한 지복영의 어머니는 1924년, 자식들을 데리고 만주로 망명한다. 만주에서도 고생은 끊이지 않았다. 아버지 지청천이 독립군을 이끌고 끊임없이 일본군과 싸우는 와중이라 자주 이사를 다녀야 했고, 생명의 위협도 느껴야만 했다. 하지만 그녀는 꿋꿋하게 견뎠다. 만주사변 이후 일본의 침략이 거세지자 지청천 장군은 훗날을 기약하면서 중국 관내로 이동한다. 그러면서 임시정부가 있는 상해로 갔는데 지복영을 비롯한 가족들도 함께 떠났다. 1940년, 중일전쟁이 격화되면서 중경으로 이동한 임시정부는 광복군을 창설하고, 지청천이 총 사령관에 임명된다. 지복영은 오광심, 김정숙 등과 함께 광복군에 입대한다. 비서 및 선전 업무에 종사하던 그녀는 1942년 광복군 제3지대로 배속되어서 안휘성으로 이동한다. 그곳에서 일본군에 대한 선전 업무를 담당했는데 일본군에 징병으로 끌려온 조선인 청년들을 탈출시켜서 광복군에 입대시키는 것이 주요 임무였다. 광복 이후에는 온 가족이 귀국했다. 역사의 전쟁터에서 돌아온 지복영은 한겨레신문과의 인터뷰에서 미완의 광복을 진정한 해방으로 이끌 방법이 무엇인지 묻는 기자의 질문에 이렇게 대답했다.

"통일이 되어야 진정한 해방이 됩니다. 또한 부국강병, 빈부격차의 해소, 사상의 통일이 이루어져야 합니다. 해방 직후부터 친일파가 제거되지 않은 채 오히려 정권을 담당하며 득세한 까닭에 사회정의가 땅에 떨어져 역사가 굴절되고 말았습니다. 이런 문제들을 앞으로 역사를 짊어질 새 세대들이 하나씩 고쳐 나가 주권의 확립과 통일을 성취하는 계기를 마련했으면 합니다."

48

차미리사

살되, 네 생명을 살아라.

생각하되, 네 생각으로 하여라.

알되, 네가 깨달아 알아라.

수레바퀴와 같은 남녀의 관계가

한쪽으로 기울어 졌으니

이것을 바로잡아야 한다.

남자의 덧붙이가 되지 말고

스스로 삶을 일구어 나가야 한다.

이 말은 1955년 6월, 77세의 나이로 세상을 떠난 여성 독립 운동가이자 교육자 차미리사의 유언이다. 바느질을 하려면 반드시 실을 바늘귀에 꿰어야만 한다. 바늘귀가 없으면 바느질을 할 수도, 옷을 지을 수도 없다. 눈에 띄지는 않지만 반드시 필요한 사람이 되라는 얘기는 차미리사가 평생 걷고자 했던 길이기도 하다. 1879년 한성에서 태어난 그녀의 어릴 적

이름은 '섭섭이'였다. 아들을 바랐지만 딸이 태어나자 부모가 붙인 별명이었다. 17살의 나이에 결혼을 하지만 일찍 남편이 세상을 떠나고, 주변의 권유로 스크랜턴 목사가 세운 상동 교회에 나가게 된다. 그리고 그곳에서 섭섭이라는 이름을 버리고 미리사라는 세례명을 받게 된다. 죽은 남편의 성을 따라 김미리사가 된 그녀는 열심히 교회를 다니다가 주변의 권유로 미국 유학을 떠나기로 한다. 헐버트 목사의 후원으로 먼저 중국 상해로 가서 영어와 신학을 배웠고, 4년간의 교육을 마치고, 미국 샌프란시스코로 유학을 가서 8년간 지내게 된다. 대동교육회에 가입해서 동포들을 위한 교육 활동을 하는 한편, 캔사스의 신학교에서 공부를 마친다. 1912년, 그녀는 식민지로 전락한 고국으로 돌아온다. 귀국 후에는 배화학당의 교사 겸 사감으로 일하면서 학생들을 가르쳤다. 학교 밖에서도 야학을 세워 배우지 못한 여성과 아이들에게 교육을 시키면서 민족의식을 고취시키는 데 앞장섰다. 배화학당 학생들에게도 조국의 독립을 역설한다.

"우리는 다 나가서 죽더라도 독립을 해야 한다. 죽는 것이 사는 것이다. 나라 없는 설움 당해 봤지. 나 한 목숨이 죽고 나라를 찾으면 대대손손이 다 살게 아닌가!"

이러한 그녀의 행보를 불만스럽게 바라보던 조선총독부는 1919년 3.1만세운동이 벌어진 것을 빌미로 그녀를 학교에서 쫓아냈다. 학교 밖으로 나오게 된 그녀는 1920년 조선여자교육회를 세운다. 여성해방과 권리 향상을 위해서는 교육이 필요하다고 강조한 그녀는 삼천리 방방곡곡을 다니면서 강연을 하고 사람들을 설득했다. 아울러 〈여성시론〉이라는 기관지를 발행하는 한편, 가난하고 돈이 없는 여성들을 위해 부인야간강습소를 세운다. 무료로 가르쳐 준다는 소문을 들은 여성들이 몰려오면서 예배당을 빌려서 하던 것으로는 감당을 할 수 없게 된다. 결국 정식으로 학교설립을 추진하였는데 1925년 근화여학교가 탄생하면서 결실을 맺었다. 여성 교육에 앞장서면서도 1927년 창립된 근우회 활동에 참여하는 등 사회 활동에도 전력을 다했다. 그 사이, 근화여학교는 근화여자실업학교로 바뀌었고, 재단이 설립되었다. 그녀는 남편의 성을 딴 김미리사라는 이름을 버리고 원래 성을 따서 차미리사로 바꾸었다. 제자들에게 자립을 강조하고자 스스로 홀로서기를 한 셈이다. 하지만 조선총독부의 압력으로 무궁화를 뜻하는 근화라는 이름 대신 덕성이라는 이름을 써야만 했다. 설상가상으로 1930년대 후반 중일전쟁 발발 이후, 황국신민화가 가속화되자 퇴임압력을 받는다. 결국 1940년, 교장에서 물러나고 만다. 다행히 광복을 볼 수 있었던 그녀는 조국이 분단되는 걸 막기 위해 노력했지만 결실을 보지 못하고 1955년 세상을 떠난다. 덕성여대의 창학 이념은 담담하게 여성의 자립감을 애기하면서 남녀평등을 강조하고 있다. 아울러, 여성 독립운동가인 차미리사의 삶이 오롯이 담겨 있는 이야기이기도 하다.

49

최용신

농촌 여성의 향상은 중등교육을 받은 우리들의 책임임을 알아야 할 것이다. 그러면 중등교육을 받고 나아가는 우리는 화려한 도시의 생활만 동경하고 안락한 처지만 꿈꾸겠는가? 그렇지 않으면 농촌으로 돌아가 문맹퇴치에 노력하려는가? 거듭 말하나니 우리 농촌으로 달려가자! 손을 잡고 달려가자!

살아가는데 한 가지 목표가 있고, 그것을 위해 전력 질주하는 사람들이 있다. 완주하든, 혹은 실패하든 지켜보는 사람들에게 감동을 주는 경우가 많다. 격정에 찬 이 글을 쓴 사람은 1928년 원산 루씨여학교를 졸업하고 경성의 협성여자신학교로 진학한 최용신이 조선일보에 기고한 '교문에서 농촌에'라는 글의 일부분이다. 대학진학률이 높고, 문맹률이 거의 제로에 가까우며, 도시와 농촌의 경제적, 문화적 차이가 많이 줄어든 요즘과는 달리 일제강점기 도시와 농촌은 많은 차이가 존재했다. 더욱이, 상급학교 진학률이 턱없이 낮았고, 문맹률도 높은 편이었는데 상대적으로 농촌이 가난하고 못 배운 사람들이 많았다. 당사자들은 그걸 운명으로 받아들이고, 지켜보는 사람들은 대개 외면하거나 혹은 잠깐 안타까워하고 만다. 하지만 그걸 납득하지 못하는 사람들이 있었다. 대표적인 인물이 바로 조선일보에 기고문을 실은 최용신이다. 그녀는 1909년, 함경남도 덕원에서 태어난다. 원산 근처에 있는 최용신의 고향은 일찍부터 기독교가 전파되면서 서구 문물을 빠르게 받아들인 곳이다. 할아버지는 사재를 털어서 학교를 세웠고, 아버지는 신간회 활동을 하면서 독립에 대한 의지를 드러냈다. 그런 집안 분위기 속에서 자라난 최용신은 자연스럽게 민족의 앞날에 대해서 생각하게 되었다. 상급학교로 진학하기 전에 고향에 있는 사립학교인 두남학교에서 공부를 했는데 이때 여성독립운동가인 이신애가 선생님으로 오면서 인연을 맺기도 했다. 1918년, 원산의 루씨여학교로 진학한 그녀는 우수한 성적을 낸다. 열심히 공부를 하면서도 농촌 문제에 큰 관심을 가졌다. 1928년, 루씨여학교를 졸업한 최용신은 협성여자신학교로 진학한다. 그곳에는 송죽결사대를 만들었던 여성 독립운동가 황에스터가 교수로 있었는데 최용신은 그녀를 통해 농촌의 발전이 곧 민족의 해방과 독립을 가져올 것이라는 확신을 가지게 되었다. 조선 여자기독교청년연합회(YWCA) 총회 때 협성신학교 대표로 참가한 그녀는 본격적으로 농촌 계몽사업에 참가하였다. 당시 조선은 경제적이나 문화적으로 많이 뒤처진 상태였으며, 특히 농촌의 피폐함은 이루 말할 수 없을 정도였다. 따라서 YWCA는 농촌 계몽운동을 시작했으며, 동아일보의 브나로드운동과 맞물리면서 큰 호응을 얻게 된다. 농촌 계몽운동은 주로 야학과 강습소를 통해 이뤄졌으며, 경성을 비롯한 도시의 학생들이 방학 기간을 이용해서 활동했다. 최용신 역시 YWCA를 통해 황해도 수안과 경상북도 포항에 파견된다. 하지만 의욕에 찬 그녀의 첫 번째 도전은 좌절하고 만다. 농촌의 현실은 그녀가 생각했던 것보다 더 나빴고, 여성이라는 한계까지 겹치면서 실패로 돌아간 것이다. 그나마 두 번째로 간 포항에서는 성과를 내면서 최용신은 다시 도전할 힘을 얻는다.

1931년 봄, 그녀는 역시 YWCA가 추천한 경기도 화성군 반월면 천곡 마을로 향한다. 보통 샘골이라고 부르는 이 마을 역시 문맹률이 높았고, 가난한 사람들이 많았다. 이곳에는 순회 강습소가 있었는데 최용신이 책임자로 온 것이다. 두 번의 파견 경험이 있던 최용신은 마을 사람들 사이로 녹아들기 위해 최선을 다했다. 예배당을 빌려서 아이들에게 한글과 산수를 가르치는 것은 물론, 재봉기술같이 실생활에 필요한 것들을 가르쳤다. 남는 시간에는 마을 사람들의 일을 도와주었다. 그녀의 이런 헌신적인 노력 덕분에 마을 사람들은 아이들에게

일을 시키는 대신 그녀가 운영하는 강습소로 보낸다. 배우려
는 아이들이 늘어나면서 가르칠 공간이 부족해지자 최용신은
직접 학교를 세우기로 하고, 마을 사람들을 설득한다. 마을 사
람들이 십시일반으로 돈을 모으자 최용신은 직접 건축 재료
를 나르는 등 혼신의 힘을 다해 1933년, 샘골학원을 세운다.
하지만 기쁨은 잠시였다. 그녀를 샘골로 파견한 YWCA에서
재정난을 이유로 보조금을 삭감한 것이다. 거기다 일본 경찰
도 문제였다. 당시 야학과 강습소들은 일본에 저항하는 민족
정신을 가르치는 곳이 많았고, 최용신의 샘골학원 역시 마찬
가지였기 때문이다. 재정난과 일본 경찰의 압박이 이어지자
지쳐버린 최용신은 돌연 일본 유학을 결심한다. 갑작스럽게
유학을 결심한 이유를 묻는 기자에게 최용신은 샘골의 성공
에 안주하지 않고, 새로운 농촌운동을 위해서 지식을 채우기
위해서라고 대답한다. 1934년, 일본의 고베신학교로 유학을
떠난 최용신은 그곳에서 10년 전에 약혼했던 약혼자 김학준
과 만난다. 하지만 샘골에서 혹사한 몸이 탈이 나면서 그녀의
일본 유학 생활은 반년 만에 끝나고 만다. 그녀는 고향 대신
샘골로 돌아온다. 하지만 YWCA가 보조금의 지원을 완전 중
단하겠다고 하면서 샘골학원은 다시 위기에 처한다. 최용신
은 아픈 몸을 일으켜 지원을 호소하면서 여성잡지인 〈여론〉
에 '농촌의 하소연'이라는 글을 실었다. 이것이 그녀가 마지막

으로 쓴 글이 되었다. 1935년 1월, 건강이 악화된 상태에서도 아이들을 위해 수업을 하던 최용신을 결국 쓰러지면서 병원 이 입원한다. 회복을 위해 수술을 받았지만 결국 세상을 떠나 고 만다. 그녀의 유해는 고향 같던 샘골에 묻히게 된다. 그녀 가 죽기 전에 남긴 유언은 마지막까지 샘골을 떠나지 못하고 있음을 알려준다.

나는 갈지라도 사랑하는 천곡강습소를 영원히 경영하여 주십 시오.

김 군과 약혼한 후 십 년 되는 금년 사월부터 민족을 위하여 사 업을 같이 하기로 하였는데 살아나지 못하고 죽으면 어쩌나.

샘골 여러 형제를 두고 어찌 가나.

애처로운 우리 학생들의 전로를 어쩌나, 애처로운 우리 학 생들의 전로를 어쩌나.

어머님을 두고 가서 몹시 죄송하다.

내가 위독하다고 각처에 전보하지 마라.

유골을 천곡강습소 부근에 묻어 주오.

그녀의 유해는 유언대로 샘골에 안장된다. 그리고 그해 8 월, 동아일보에서 주최한 창간 15주년 소설 공모전에서 심훈 의 상록수가 수상작으로 결정된다. 소설 속의 주인공 채영신의 모델은 바로 최용신이었다. 심훈은 상록수를 영화로 만들고 싶었지만 일찍 요절하면서 꿈을 이루지 못한다. 상록수는 광복 이후 영화로 만들어지면서 그때까지 변하지 않고 낙후된 농촌의 현실을 보여 줬다. 2007년, 샘골학원이 있던 자리에 최용신 기념관이 들어섰다.

기쁘다. 삼천리강산에 다시 무궁화 피누나.

1919년 3월 1일에 시작된 만세 운동은 전국적으로 퍼져 나갔다. 언론과 통신 모두 조선 총독부가 장악하고 있었고, 교통도 원활하지 않던 시절에 시위가 대대적으로 퍼져 나간 이유는 무엇일까? 일본의 식민지 통치가 나의 삶에 도움이 되지 않았다는 공감대가 널리 퍼졌다는 것이 가장 큰 이유였을 것이고, 지배자가 통치하는 나라가 아니라 우리 손으로 새로운 나라를 세울 수 있다는 기대감 때문일 것이다. 그래서 3.1만세운동은 일본 경찰의 총칼에 목숨을 잃을 수 있다는 위험 속에서도 2백만에 가까운 사람들이 참여하는 대규모 시위로 이어졌다. 수천 년간 봉건체제 하에서 지냈으며 불과 십여 년 전까지 대한제국의 황제가 존재했다는 점을 감안하면 대단한 진보이자 발전이라고 할 수 있겠다. 그중에서도 눈여겨봐야 할 부분은 특정 계층이나 지역이 아니라 모든 계층에서 전국적으로 시위가 번어졌다는 점이다. 오히려, 대한제국 시기의 지배층이라고 할 수 있는 유림들이 불참한 가운데 종교와 성별, 그리고 남아 있는 신분의 잔재를 뛰어넘어서 온 국민이 참여한 계기가 되었다. 특히 경상남도 진주군에서 벌어진 만세 시위는 그야말로 다양한 계층의 주민들이 참여했다. 경성에서 만세 시위가 벌어졌다는 소식을 들은 진주의 독립운동가들은 3월 18일 장날을 기해서 시위를 벌이기로 했다. 장이 한창 열리던 정오 무렵, 드디어 만세 시위가 시작되었다. 무려, 3만 명이 참여한 시위대는 당시 진주에 있던 경남도청으로 몰려갔다. 일본 군경들은 무차별로 발포하고 닥치는 대로 체포해서 약 3백 명의 시위대가 붙잡혔다. 하지만 진주 주민들은 굴복하지 않고 밤이 깊어지자 횃불을 들고 시위를 벌였으며 걸인들까지 시위대를 조직해서 합세한다. 시위는 다음 날인 19일에도 계속된다. 상인들이 상점의 문을 닫아 버린 가운데 7천여 명의 주민들이 시위에 나섰다. 선두에는 악대를 동반한 진주 기생조합 소속 기생들이 있었다. 한금화는 진주 기생조합 소속의 기생으로 시위에 열정적으로 참여했다. 시위대는 남강을 따라 촉석루로 향했고, 그곳에서 한금화를 포함한 여섯 명의 기생들이 일본 경찰에게 체포되었다. 기생들을 체포한 일본 경찰들은 온갖 모욕적인 언사로 조롱했는데 이에 한금화는 손가락을 깨물어서 흰 명주자락에 '기쁘다. 삼천리강산에 다시 무궁화가 피누나.'라는 내용의 혈서를 썼다. 여성이자 기생이 아니라 한 명의 독립운동가로서 억압에 굴복하지 않는 당당한 모습을 보여 준 것이다. 한금화의 이후 행적은 알려지지 않았다. 한국 전쟁때 진주재판소에서 화재가 발생하면서 관련기록들이 모두 사라져서 어떤 처벌을 받았는지도 밝혀지지 않았다. 1933년 경성방송국에 한금화라는 한성권번 소속의 기생이 남도민요를 부르기 위해 출연했다는 짤막한 기록만 남아 있다. 1899년생이며, 활동공간은 경성이지만 본적이 경상남도 통영군이라는 점을 감안하면 혈서를 쓴 그 한금화일지도 모르겠다.

**누구라도 남의 압박을 받고 있는 것은 싫은 것이다. 만세 시위
에 너무 열광하고 있어서 발이 아픈 줄도 모르고 시내를 돌아다
녔다.**

왜 만세 시위에 참가했느냐는 일본 경찰의 질문에 당시 경
성여자고등보통학교에 다니고 있던 17살의 여학생 최정숙의
대답이다. 다소 흥분한 것 같기도 한 대답과 함께 그녀는 향후
무엇을 할 것이냐는 물음에는 독신생활을 하면서 교육에 종
사할 생각이라고 대답했다. 심문한 일본 경찰은 대수롭지 않
게 넘겼지만 그녀는 평생 자신의 약속을 지키면서 살아갔다.
1902년 제주도에서 태어난 최정숙은 신성여학교를 졸업하고
1915년, 경성으로 유학을 와서 진명여학교를 졸업하고 1918
년 경성여자고등보통학교에 입학한다. 그리고 1919년 3.1만
세운동이 벌어지자 미국영사관 근처에서 벌어진 시위를 주도
하다가 경찰에 체포당한다. 서대문 형무소에서 몇 달간 감금
되어 있던 그녀는 그해 겨울 석방된다. 자유의 몸이 된 그녀는

고향인 제주도로 내려와서 친구인 강평국과 함께 여수원이라
는 사립기숙학교와 명신학원을 세워서 아이들의 교육에 열중
한다. 일본 경찰에게 얘기한 대로 여성 교육 사업에 종사한 것
이다. 하지만 일본 경찰의 방해로 명신학원이 문을 닫게 된다.
잠시 몸을 추스른 최정숙은 목포에 있는 소화학교의 교장에
게 초빙을 받는다. 아이들을 열정적으로 가르치던 그녀는 김
양홍 신부의 부탁으로 전주 혜성학원으로 자리를 옮긴다. 최
정숙은 아이들에게 민족혼을 일깨우는 교육을 했으며, 틈틈
이 빼앗긴 조국을 되찾아야 한다는 노래를 가르쳐 줬다. 그것
이 빌미가 되어 일본 경찰에게 다시 체포되는데 학부모들의
탄원으로 교직에서 떠나는 조건으로 석방된다. 1939년, 경성
에 새로 세워진 여자의학전문학교에 입학해서 학업을 마치
고 졸업한다. 성모병원에서 수련의를 하면서 의사면허를 받
았다. 그리고 1944년으로 태평양 전쟁의 막바지였던 시점에
고향인 제주도로 내려간다. 당시 제주도는 일본이 미군의 침
략을 막는다는 명분으로 대규모 군대를 주둔시키고 있던 중
이었다. 최정숙은 그 혹독한 분위기 속에서 정화의원을 열고
환자들을 치료했다. 가난한 환자들에게는 무료로 치료를 해
준다는 소문에 사람들이 구름처럼 몰려들었다. 그녀는 틈틈
이 제주도에 강제로 징용되어 끌려온 조선인들을 돌봐 줬다.
1945년 8월 15일, 광복 후에는 경성여고보 동창인 고수선과

163

함께 대한부인회를 조직해서 여성들의 문맹 퇴치 운동을 펼쳤으며, 일제에 의해 문을 닫은 신성여학교를 다시 세워서 초대 교장으로 부임했다. 결혼을 하지 않고 교육 활동에 종사하겠다는 자신과의 약속을 평생에 걸쳐 지킨 것이다.

52

현계옥

**나를 애인으로 혹은 한 여자로만 보지 말고 같은 동지로 생각
해 달라.**

오랜만에 재회한 현정건은 현계옥의 애기를 듣고 깜짝 놀
란다. 그것은 불과 얼마 전까지만 해도 그녀가 경성의 명월관
에서 손꼽히는 기생이었기 때문이다. 대구에서 태어난 그녀
는 가난한 집안 형편 때문에 17살의 나이에 대구기생조합에
소속된 기생이 된다. 그러다가 우연찮게 만난 현정건으로 인
해 인생이 바뀌게 된다. 소설가로 유명한 현진건의 형이자 독
립운동가로 활동하던 그의 모습에 감동을 받은 것이다. 1919
년 3.1만세운동이 그녀의 운명을 결정한다. 기생으로서 부족
함이 없이 지내던 현계옥은 모든 것을 버리고 홀연히 종적을
감춘 것이다. 만주에 모습을 드러낸 그녀는 김원봉이 만든 의
열단에 가입하면서 본격적인 독립운동에 뛰어든다. 그리고
그 와중에 만난 현정건에게 자신을 기생이나 여성이 아닌 동
지로 보아 달라고 말한다. 지금까지 남겨진 그녀의 기록 대부

분은 현정건을 사모했거나 혹은 그와 연인 관계라는 점을 강조한다. 그것은 당대 〈별건곤〉이나 〈삼천리〉 같은 잡지에서도 흔히 언급되었는데 여성이 주체적이거나 독립적인 결정을 내리지 못할 것이라는 남성들의 선입견이 어느 정도 포함되어 있다. 하지만 현계옥은 자신의 결정에 따라서 독립운동에 투신했으며, 의열단의 단원으로 맹활약을 했다. 상대적으로 감시가 소홀한 여성이라는 점을 이용해서 무기 운반과 연락책을 맡았으며, 때로는 남장을 해서 일본 경찰의 감시망을 피하기도 했다. 안타깝게도 그녀의 행적은 길게 전해지지 않는다. 현정건이 일본 경찰의 가혹한 고문에 못 이겨 세상을 떠나자 시베리아로 망명해서 모스크바에서 대학을 다닌다고 하는 풍문이 전해진 것이 마지막이다. 기생에서 독립운동가로 변신한 현계옥은 역사 속으로 바람처럼 사라져 버린 것이다.

53

황에스터

여러분! 국가의 대사를 남자만 하겠다는 겁니까? 수레바퀴는 혼자서 달리지 못합니다.

이 외침은 1919년 2.8독립선언 직전 열린 도쿄 유학생 총회에서 황에스터가 한 말이다. 3.1만세운동의 기폭제가 되었다고 평가받은 2.8독립선언은 일본의 수도인 도쿄에서 벌어졌다는 상징성과 학생들이 주축이 되었다는 점에서 많은 점을 시사한다. 감시하던 일본 경찰의 눈을 따돌리면서 열린 총회에서 황에스터가 여성의 독립운동 참여를 촉구하고 남성들에게 그것을 인정하라는 말을 은유적으로 드러낸 것이다. 1892년 평양에서 태어난 그녀는 어릴 때부터 기독교 집안에서 자랐다. 경성으로 유학을 가서 이화학당을 졸업한 황에스터는 고향으로 돌아와서 숭의여학교 교사로 재직한다. 그러면서 뜻을 같이하는 동료들을 모아서 비밀 독립운동 단체인 송죽결사대를 만든다. 중년 여성을 뜻하는 소나무와 젊은 여성을 뜻하는 대나무에서 한 글자씩 딴 송죽결사대는 회비 각

출과 자수 판매 등을 통해 독립군을 위한 자금을 마련하고 강연회를 다니면서 민족정신을 고취하는 일을 했다. 송죽결사대 활동을 이어 가던 그녀는 1918년 일본 유학을 떠나서 도쿄여자의학전문학교에 입학한다. 당시 도쿄에는 남녀 유학생들이 많아서 자연스럽게 친목 모임이 만들어졌다. 황에스터는 김마리아와 나혜석 등과 함께 여자유학생회를 조직한다. 1918년 제1차 세계대전이 끝나고 파리에서 강화회의가 열리기로 결정된다. 이 소식을 들은 도쿄의 유학생들은 독립을 선언해서 뜻이 전달되도록 결의한다. 황에스터는 이러한 움직임에 적극적으로 가담했다. 2.8독립선언에 참여한 황에스터는 조국으로 돌아가서 이 사실을 알린다. 그리고 3.1만세운동이 벌어지자 역시 적극적으로 참여해서 만세를 부르다가 일본 경찰에 체포되어서 몇 달간 감옥에 갇히게 된다.

감옥에서 풀려난 그녀는 김마리아가 세운 대한애국부인회에 가입해서 체포된 독립운동가들과 그 가족을 돕는 활동을 한다. 대한애국부인회가 대조선 독립애국부인회와 통합해서 대한민국애국부인회로 탄생하자 역시 적극적으로 참여해서 총무부장을 역임한다. 하지만 일본 경찰에게 조직이 발각되면서 체포당하고 만다. 다시 감옥으로 간 그녀는 옥살이를 하다가 1920년 풀려난다. 이화학당 대학부에 다시 입학한 황에스터는 조선 여자기독교청년연합회(YWCA)에 합류해서 농촌 계몽운동에 뛰어든다. 조선이 독립하기 위해서는 무엇보다 낙후된 농촌과 여성들을 바라봐야 한다는 점을 깨달은 것이다. 졸업 후 모교에서 교편을 잡았던 그녀는 1925년 미국 유학길에 오른다. 1928년 뉴욕에서 김마리아 등과 함께 근화회를 만들어서 재미 동포들과 함께 독립운동을 진행한다. 같은 해 귀국 후에는 협성여학교에서 교사로 재직했는데 이때 상록수의 모델로 알려진 최용신이 제자로 있었다. 1929년 8월에는 경성여자소비조합의 설립을 주도했다. 여성들의 경제적 자립을 도와주기 위해 세워진 조합으로 근우회 회원들이 주로 참여했다. 하지만 일본의 탄압이 극심해지자 황에스터는 결혼을 하고 남편과 함께 만주로 떠났다. 그곳에서 일본인 농장에서 일을 하며 야학을 운영해서 조선인 아이들을 가르치는 일을 했다. 광복 이후에도 YWCA 활동에 적극적으로 참여하다가 1971년 세상을 떠났다. 정부에서는 1990년 건국훈장 애족장을 추서했다.

54

최은희

**내가 행랑어멈 변장을 하고 탐방을 하였는데 남에게 잡히지
않을 뿐 아니라 행랑어멈이 되어서 이 사회를 살펴본 즉 기자로
서 보는 것과는 아주 딴판으로 보였습니다.**

한국을 대표하는 기자이자 독립운동가인 최은희는 1902
년, 황해도 연백군 배천읍에서 태어났다. 부친 최병규는 유학
자이면서 개화파였다. 대한제국 시기 관료생활을 하다가 낙
향한 그는 집안의 노비들을 해방시키고 가난한 농민들에게
집안 소유의 땅을 무상으로 분배하는 한편, 사재를 털어서 학
교를 세웠다. 시대를 앞서가는 부친의 노력과 열정은 고스란
히 최은희에게 전해졌다. 어린 시절 창동소학교를 다녔는데
훗날 〈별건곤〉 기자와의 회담에서 아버지가 세운 학교였고,
남의 등에 업혀서 등하교를 했다면서 이때가 가장 기억에 남
는다고 얘기한다. 창동소학교를 졸업한 그녀는 해주의 의정
여학교로 진학해서 졸업한 후, 경성여자고등보통학교에 2학
년으로 편입한다. 하지만 학교 수업보다는 동료들과의 비밀

서클 활동을 더 열중했는데 일제강점기에 접어들면서 바뀐 수업 내용에 흥미를 잃었던 것으로 보인다. 그런 와중에 들린 고종의 서거 소식은 그녀를 비롯한 여학생들을 떨쳐 일어나게 만들었다. 1919년 3월 1일 만세 시위가 벌어지자 최은희와 학생들은 굳게 닫힌 교문을 부수고 밖으로 나가 만세를 불렀다. 주동자로 낙인찍힌 최은희는 경찰에게 체포되어서 한 달 가까이 투옥 당한다. 감옥에서 풀려난 그녀는 고향인 배천으로 내려와서 경성의 만세 시위 소식을 전한다. 그녀의 노력 덕분에 배천읍에서도 약 천여 명이 참가한 대규모 만세 시위가 3월 30일에 일어난다. 이번에도 체포된 최은희는 보안법 위반 혐의로 해주 감옥에서 반년간 옥고를 치른다.

풀려난 이후에는 수원과 평양 등지의 여학교를 다니면 짧게 교사 생활을 하다가 일본 유학을 떠난다. 그곳에서 춘원 이광수를 만나게 되는데 이광수는 최은희의 실력을 높이 사서 조선일보에 추천을 한다. 1924년, 최은희는 조선일보 기자가 되는데 당시 여성 기자는 손에 꼽을 정도여서 주목의 대상이 된다. 1930년에는 학예부장으로 임명되어서 2년간 활동하기도 했다. 여성 기자라는 책임감을 뼈저리게 느낀 그녀는 최선을 다해 활동을 하는데 독립운동가들의 생생한 목소리를 담기 위해 노력했다. 여기자 최초로 비행기에 탑승하려고 시도하는 등 여러 가지 노력을 기울였다. 행랑어멈으로 변장해서 기자로서는 볼 수 없는 사회의 모습을 찾으려고 시도하기도 했다. 1927년에는 여성 단체인 근우회의 창립에도 관여해서 초대집행위원에 선정된다. 펜은 총보다 강하다는 신념으로 독립운동가들의 기록을 남기는데 최선을 다했으며, 후배 여기자들에게도 최선을 다하라는 당부를 아끼지 않았다. 광복 이후에도 활발한 행보를 이어 가던 최은희는 1984년 세상을 떠났으며 정부에서는 1992년 건국훈장 애족장을 추서하였다.

55

목포 정명여학교 학생들의 독립가

터졌구나. 조선독립의 외침

십년을 참고 참아 이제 터졌네.

삼천리의 금수강산 이천만 민족

살았구나. 살았구나. 이 한소리에

피도 조선, 뼈도 조선, 이 피 이 뼈는

살아 조선, 죽어 조선, 조선 것이라

한사람이 불러도 조선 노래

한곳에서 나와도 조선 노래

이 노래는 현재 목포 정명여자중학교와 고등학교의 전신인 정명여학교의 학생들이 만든 독립가다. 오랫동안 알려져 있지 않다가 1983년 교실 천정에서 보수 공사 중에 발견되면서 세상에 알려졌다. 여학생들은 1921년 11월, 신문 등을 통해 워싱턴에서 회담이 열리는 것을 알고 조선 독립의 열망을 전달하기 위해 만세 시위를 벌이기로 하다. 4월 13일 일요일에 기숙사에서 몰래 태극기를 만든 학생들은 다음 날, 정오를 알리는 오포 소리가 울리는 것을 신호 삼아 교실을 박차고 거리로 나갔다. 그녀들이 태극기를 흔들며 만세를 외치자 다른 학교 학생들과 목포 주민들이 합세해서 만세를 불렀다. 이 노래는 학생들이 자신들의 결의를 다지기 위해 불렀던 것으로 보인다. 주동자로 지목된 19세의 곽희주는 징역 10개월을 선고 받고 복역하게 된다. 참가한 다른 학생들도 몇 달간 감옥살이를 해야만 했다. 시위에 적극적으로 참여한 정명여학교 학생들은 광복 67주년인 2012년, 독립유공자로 인정된다. 대상자는 시위 당시 19세의 곽희주와 18세의 박복술, 17세의 이남순과 16세의 주유금, 15세의 김옥실, 14세의 김나열과 같은 나이의 박음전이다.

56

서대문 형무소 여옥사 8호실의 노래

진중이 일곱이 진흙색 일복 입고

두 무릎 꿇고 앉아 주님께 기도드릴 때

접시 두 개 콩밥덩이 창문 열고 던져 줄 때

피눈물로 기도했네, 피눈물로 기도했네.

대한이 살아 있다, 대한이 살아 있다.

산천이 동하고 바다가 끓는다.

에헤이 데헤이, 에헤이 데헤이

대한이 살아 있다, 대한이 살아 있다.

1919년 3.1만세운동에 참여했던 여성 독립운동가들은 서
대문 형무소로 끌려가서 혹독한 고문을 당하고 여옥사에 감
금되었다. 그중 8호실에는 유관순과 임명애, 김향화, 어윤희,
권애라, 신관빈, 심명철까지 일곱 명의 죄수들이 갇혔다. 그녀
들은 망가진 몸으로 차가운 감방에 갇혀 있음에도 불구하고

저항을 포기하지 않았다. 그러면서 자신의 뜻을 알리기 위해 노래를 지어서 불렀다고 전해진다. 8호실에 울려 퍼진 이 노래는 심명철 지사의 아들 문수일 씨가 전해들은 것을 기억해 내면서 세상에 알려진다. 진중이는 죄수들을, 진흙색 일복은 죄수복을 뜻한다. 몸은 갇혀 있지만 노래로써 저항한다는 7명의 처절함이 그대로 느껴진다.

57

안중근 의사의 어머니 조마리아 여사의 편지

네가 어미보다 먼저 죽는 것을 불효라고 생각하면 어미는
웃음거리가 될 것이다.

너의 죽음은 너 한 사람 것이 아니라, 조선인 전체의
공분을 짊어진 것이다.

네가 항소를 한다면 그건 일제에 목숨을 구걸하는 것이다.

네가 나라를 위해 이에 딴맘 먹지 말고 죽으라.

옳은 일을 하고 받은 형이니 비겁하게 삶을 구걸하지 말고
대의에 죽는 것이 어미에 대한 효도다.

아마도 이 어미가 쓰는 마지막 편지가 될 것이다.

너의 수의(壽衣)를 지어 보내니 이 옷을 입고 가거라.

어미는 현세에 재회하길 기대하지 않으니 다음 세상에는
선량한 천부의 아들이 되어 이 세상에 나오거라.

참고 자료

《나는 여성이고, 독립운동가입니다》, 심옥주 저, 우리학교, 2019

《독립군 노래 이야기》, 황선열 저, 현북스, 2018

《여성독립군 열전》, 신영란 저, 초록비책공방, 2019

《여성독립운동가 300인 인물사전》, 이윤옥 저, 얼레빗, 2108

《여성독립운동가의 발자취를 알리다》, 심옥주 저, 천지당, 2018

《여성독립운동가 사전》, 심옥주 저, 천지당, 2019

《여성독립운동사 자료총서》 '3.1운동 편', 여성 독립운동사 발간위원회 저, 행정자
　치부국가기록원, 2016

《여성이 여성을 노래하다》, 신영숙 저, 늘품플러스, 2015

《윤희순의사 항일독립투쟁사》, 의암학회 저, 춘천시, 2005

《윤희순 연구》 (의병운동과 민족독립운동을 중심으로), 심옥주 저, 정언, 2013

《조선의 딸, 총을 들다》, 정운현 저, 인문서원, 2016

《통일의 길, 한국여성독립운동에서 찾다》, 이배용 외 저, 한국여성독립운동연구
　소, 2015

《한국 여성독립운동》, 박용옥 저, 독립기념관·한국독립운동사 연구소, 1989

《한국여성독립운동가》, 3.1여성동지회 편, 국학자료원, 2018

《한국 역사 속의 여성인물》, 편집부 저, 한국여성개발원, 1998

— 강경애의 삶과 문학, 한국여성연구소. 여성과 사회 제1호. 1990. pp.332-354

— 김마리아 독립기념관 어록비, 화강석. 2004년 10월 20일

— 비운의 여장군 김명시, 민족문제연구소 www.minjok.or.kr/archives/86874

— 여성독립운동가 윤희순의 '신세타령', 오늘의 가사문학 2016년 여름호(제9호),
　2016.06, pp.88-96

— 일제강점기 강평국의 생애와 여성운동 - 기고문 「여자해방(女子解放)의 잡
　감(雜感)」을 중심으로, 제주대학교 탐라문화연구원. 탐라문화 62권. 2019.
　pp.113-141

— [중국 역사유적지 탐방]윤희순 유적지 노학동 옛터, 강원일보 2004

— 한국독립운동과 권기옥의 비행, 한국근현대사학회. 한국근현대사연구 69집. 2014. pp.7-36

— 한말 최초 여성의병장 윤희순을 만나다, 기록인 2013 AUTUMN + Vol.24 pp.32-37

— 항일투사로서의 윤희순의 삶과 여성적 담론 연구, 강원대학교 강원문화연구소, 제24집(2005.12) pp. 1-20

— 훼손 딛고 우뚝 선 여성 의병장 윤희순 유지비 [류영현 기자의 역사항쟁지 다시 보기], 세계경제, 2016

— 3·1운동 백년과 여성, 뉴시스 https://newsis.com

— 3.1운동 100돌 100인의 여성독립운동가, 오마이뉴스 http://www.ohmynews.com/

— 임정100년과 독립운동가, 시사저널 http://www.sisajournal-e.com

— 국가보훈처 공식블로그 https://blog.naver.com/mpvalove/

— 나무위키 https://namu.wiki

— 네이버 캐스트 https://terms.naver.com

— 대한민국 독립운동가 http://w3devlabs.net/korea-

— 독립기념관 https://i815.or.kr

— 아주스페셜, 아주경제 https://www.ajunews.com

— 이달의 독립운동가, 공훈 전자사료관 https://e-gonghun.mpva.go.kr

— 위키백과 https://ko.wikipedia.org/wiki

— 정책주간지 공감, 문화체육관광부 http://gonggam.korea.kr

— 한국민족문화대백과사전 http://encykorea.aks.ac.kr/

— 항일여성독립운동가, 여성경제신문 http://www.womaneconomy.kr/

이 도서의 국립중앙도서관 출판예정도서목록(CIP)은 서지정보유통지원시스템
홈페이지(http://seoji.nl.go.kr)와 국가자료공동목록시스템(http://www.nl.go.kr/kolisnet)에서
이용하실 수 있습니다.(CIP제어번호: CIP2020055353)

여성 독립운동가 말꽃모음

2021년 1월 20일 초판 1쇄 펴냄

엮은이 정명섭
펴낸곳 도서출판 단비
펴낸이 김준연
편집 최유정
등록 2003년 3월 24일(제2012-000149호)
주소 경기도 고양시 일산서구 고양대로 724-17, 304동 2503호(일산동, 산들마을)
전화 02-322-0268
팩스 02-322-0271
전자우편 rainwelcome@hanmail.net
ISBN 979-11-6350-037-7 03300